Megatrends und Transformations-Management

Reihe herausgegeben von
Klaus Gourgé, Hochschule für Wirtschaft und Umwelt N
Geislingen, Deutschland

Eike Wenzel, Institut für Trend- & Zukunftsforschung
Heidelberg, Deutschland

Die Reihe Megatrends und Transformations-Management gibt Entscheidern in Wirtschaft und Gesellschaft die Möglichkeit, sich auf der Basis von Megatrends frühzeitig auf zukünftige Entwicklungen einstellen zu können. Megatrends sind die wichtigsten Veränderungsbeschleuniger, die in den kommenden 30 bis 50 Jahren überall in Wirtschaft und Gesellschaft unser Leben signifikant verändern werden. In der Reihe werden aktuelle Fragestellungen behandelt, die von der Klimakrise über die Energiewende und Digitalisierung bis zu stärker wirtschaftspolitischen Themen wie Demografischer Wandel, Ungleichheit, Krise der Demokratie, Zukunft der Globalisierung und Datensouveränität reichen. Die Reihe erläutert die wichtigsten Megatrends und ihre Auswirkungen auf Management und Unternehmen, erklärt die Zukunftsmärkte von morgen und macht die sozial-ökologische Transformation verständlich.

Eike Wenzel

Megatrend Gesundheit: Wie Digitalisierung und Individualisierung unsere Gesundheits- versorgung revolutionieren

10 Trends und 30 Learnings für die Zukunft

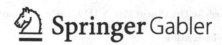

Eike Wenzel
Institut für Trend- und Zukunftsforschung (ITZ)
Heidelberg, Deutschland

ISSN 2731-5738 ISSN 2731-5746 (electronic)
Megatrends und Transformations-Management
ISBN 978-3-662-68687-4 ISBN 978-3-662-68688-1 (eBook)
https://doi.org/10.1007/978-3-662-68688-1

Die Deutsche Nationalbibliothek verzeichnet diese Publikation in der Deutschen Nationalbibliografie; detaillierte bibliografische Daten sind im Internet über https://portal.dnb.de abrufbar.

Planung/Lektorat: Christine Sheppard
Springer Gabler ist ein Imprint der eingetragenen Gesellschaft Springer-Verlag GmbH, DE und ist ein Teil von Springer Nature.
Die Anschrift der Gesellschaft ist: Heidelberger Platz 3, 14197 Berlin, Germany

Das Papier dieses Produkts ist recycelbar.

Vorwort von den Reihenherausgebern

Liebe Leserinnen und Leser,

wir freuen uns, mit dieser Studie zur „Zukunft der Gesundheit" unsere Reihe „Megatrends und Transformations-Management" starten zu können. Wir, das sind mein Kollege Prof. Dr. Klaus Gourgé und ich, Dr. Eike Wenzel. Gemeinsam haben wir vor neun Jahren den MBA-Studiengang „Zukunftstrends und Nachhaltiges Management" entwickelt. Möglichst viele Impulse daraus sollen in diese neue Reihe von Springer Nature einfließen. Megatrends sind die wichtigsten Veränderungstreiber, die in den kommenden 30 bis 50 Jahren Wirtschaft und Gesellschaft maßgeblich verändern werden.

Es könnte für die Reihe keinen passenderen Startzeitpunkt geben. Megatrend-Entwicklungen analysieren wir bereits seit den 1990er-Jahren. Im „Institut für Trend- und Zukunftsforschung" (ITZ) gehen wir von insgesamt 15 Megatrends aus (siehe Kap. 1), die unser Handeln auf den Märkten und in Politik und Gesellschaft maßgeblich prägen werden.

Seit Beginn der 2020er-Jahre sind wir in ungekanntem Ausmaß mit radikalen, ja disruptiv-zerstörerischen Krisen und Veränderungslagen konfrontiert. Der Klimawandel verlangt zügiges Handeln angesichts planetarer Grenzen, die alten fossilen Fortschrittsmodelle verfangen nicht mehr. Der Krieg in der Ukraine lehrt uns, dass auch Energie politisch ist und Appeasement-Politik ein historischer Irrtum war. Digitalisierung und künstliche Intelligenz schienen zunächst die Arbeit abzuschaffen, bis

auf Weiteres reden wir aber erst einmal über einen grassierenden Fachkräftemangel, der Unternehmen und ganze Branchen mit der Pleite be-
droht. Viele Menschen fühlen sich von der Wohlstandsgesellschaft aus-
gespuckt und fliehen in Apathie oder ein idealisiertes Gestern, das es so
nie gegeben hat. Scheinbar einfache Lösungen haben wieder Konjunktur.
Und unsere demokratischen Systeme müssen dringend runderneuert
werden.

Viele Institutionen, Bürokratien und Versorgungssysteme haben ihre
Halbwertzeit überschritten. Deshalb ist es kein Zufall, sondern drängte
sich bei der Analyse der Megatrends geradezu auf, den Megatrend
Gesundheit in den Mittelpunkt des ersten Produkts unserer Reihe zu
stellen. Wir alle haben es erlebt, wie sich in der Pandemie dringender
Innovationsbedarf auf ausnahmslos allen Wertschöpfungsebenen der
Gesundheitsversorgung anmeldete. Darüber hinaus beginnt ein weiterer,
höchst einflussreicher Megatrend wie die Digitalisierung alle Akteure
und Institutionen, Berufsbilder und Geschäftsmodelle im Gesundheitssektor herauszufordern. Eine fundamentale Transformation des Megatrends Gesundheit kündigt sich an – mit neuen Chancen und Ver-
heißungen ebenso wie mit Risiken, Engpässen und Paradoxien.

In unserer Studie/Trendstudie zur Zukunft der Gesundheit haben wir
für Sie die wichtigsten Veränderungstreiber kompakt auf den Punkt gebracht. Ja, angesichts dieser Trendaussichten wird in vielen Sektoren der
Gesundheitsversorgung kein Stein mehr auf dem anderen bleiben. Aber
unsere Analyse kommt – trotz der Komplexität der Aufgabe – zu dem
Schluss, dass es sich lohnt, auf die meisten der Veränderungstreiber zu
vertrauen.

Damit sind auch schon Zweck und Ambition der Reihe „Megatrends
und Transformations-Management" beschrieben. Was wir Ihnen, liebe
Leserinnen und Leser, vermitteln wollen, ist Zukunftskompetenz in
schwierigen Zeiten. Wir offerieren Ihnen Handlungssicherheit durch
Trendorientierung und Trendverständnis. Natürlich können wir die Zukunft nicht vorhersagen, das wollen wir auch gar nicht. Wir möchten mit
unseren Trendanalysen für Sie, in Ihrer speziellen Arbeits-, Lern- und
Lebenssituation, Zukunft planbar machen.

Megatrends lassen sich wissenschaftlich aufarbeiten, analysieren und
verständlich machen. Wir arbeiten in unterschiedlichen Netzwerken und

vielfältigen akademischen und unternehmerischen Kontexten an einer Trendmatrix, bestehend aus Megatrends, Technologietrends, Gesellschaftstrends sowie Konsum- und Lebensstiltrends. In unserer Reihe stellen wir Ihnen Ergebnisse aus dieser Trendmatrix als „Early-Warning"-Infrastruktur zur Verfügung. Dieses Frühwarnsystem soll Sie begleiten, einzelne Arbeitsschritte raus aus dem Gewohnten erleichtern.

Und vor allem: Die Reihe „Megatrends und Transformations-Management" soll Sie inspirieren! Sie soll dabei helfen, disruptive Veränderungen schneller zu verstehen und auf Krisenlagen vorausschauend reagieren zu können. Die Megatrends, wie sie von uns identifiziert werden, das geben wir Ihnen gerne als Garantie, werden in den kommenden Jahren grundsätzlich auf allen Märkten, in allen Branchen und auf allen Prozessebenen von Unternehmen relevant werden. Sie werden in allen Sektoren unserer Gesellschaft, in der Politik wie in der Gestaltung des Familienlebens, in den Institutionen, in Bildung wie in Freizeit früher oder später als Veränderungstreiber spürbar werden. Mit den einzelnen Bänden sprechen wir Leistungsträger, zentral wichtige Akteure, Neuankömmlinge und Lernende aus Industrie und Dienstleistung, aus unterschiedlichsten Branchen, aus Behörden und Bildungsinstitutionen an.

In den einzelnen Trendstudien wird es uns immer darum gehen, auf trendgesteuerte Veränderungen und auf Begleitumstände und Chancen von Transformationsprozessen hinzuweisen. Woran sich ein zukunftsfähiges Management in Zeiten der Polykrisen in den 20er-Jahren des 21. Jahrhunderts orientieren muss, das steht im Mittelpunkt unserer Reihe.

Der Megatrend Gesundheit, das zeichnet sich mit aller Deutlichkeit ab, avanciert in den kommenden Jahren zu einem einzigartigen Jobmotor. In den USA arbeiten schon jetzt mehr Menschen in der Gesundheitsversorgung als in den klassischen Industrien. Nicht die Jobs, sondern die Mitarbeiter*innen werden zum knappen Gut. Gleichzeitig kündigt sich in Medizin und Gesundheit wie in kaum einem anderen Wirtschaftszweig eine ganze Menge technologischer Quantensprünge an.

Willkommen in der Zukunft, willkommen in der Ära der beschleunigten Transformation! Ergreifen Sie mit unserer Reihe „Megatrends und Transformations-Management" die Chance, schon heute die Grundlagen für eine bessere Zukunft zu schaffen.

Klaus Gourgé, Eike Wenzel

Prof. Dr. Klaus Gourgé, Leitung MBA Zukunftstrends und Nachhaltiges Management, Campus: Pa4 313, Parkstraße 4, 73312 Geislingen

Dr. Eike Wenzel, Institut für Trend- und Zukunftsforschung (ITZ), Mozartstraße 8, 69121 Heidelberg

Sprachlicher Hinweis:

Grundsätzlich werden durchgängig feminine und maskuline Formen (zum Beispiel „Patient*innen") verwendet. Für eine bessere Lesbarkeit wird bei Begriffen wie „Akteure" und „Leistungserbringer" der maskuline Plural genutzt, der sich auf alle Geschlechter bezieht.

Inhaltsverzeichnis

1

Einführung – Gesundheit im 21. Jahrhundert: Ethische Grenzen, disruptive Gen-Plattformen und insolvente Krankenhäuser, 4 Weichenstellungen

Fragwürdige Quantensprünge machen ethische Erläuterungen unausweichlich: Lulu und Nana, die Crispr-Zwillings-Babys, deren Erbgut 2018 verändert wurde; der chinesische Genforscher He Jiankui, der die Genmanipulation vorgenommen hatte, wurde im vergangenen Jahr nach dreieinhalbjähriger Haft wieder aus der Haft entlassen. Gentechnologie sorgt indes auch als medizinischer Durchbruch und Big Business: Ende 2022 verkündete das Biotechnologieunternehmen Vertex, dass es ein erstes auf der Crispr/CAS-Technologie basierendes Medikament bei der europäischen Arzneimittelagentur EMA einreichen werde. Erfolgt die Zulassung, stehen rund 120 weitere Crispr/CAS-Medikamente bereit, die bahnbrechende Fortschritte in der Krebstherapie und bei bislang unheilbaren Erkrankungen versprechen.

Gesundheit ist ein Megatrend [1]. Die Veränderungsbeschleunigung in diesem Markt, der viel mehr ist als nur ein Markt, ist kaum zu überbieten und nur schwer zu überblicken. Textilien könnten schon lange den Blutdruck messen und daraus das Herzinfarkt-Risiko berechnen [2]. Intelligente Handschuhe registrieren das Muskelzittern von Parkinson-Patient*innen und greifen lindernd ein [3]. Die auf der diesjährigen CES

E. Wenzel, *Megatrend Gesundheit: Wie Digitalisierung und Individualisierung unsere Gesundheitsversorgung revolutionieren*, Megatrends und Transformations-Management,
https://doi.org/10.1007/978-3-662-68688-1_1

in Las Vegas vorgestellte smarte Toilette analysiert mithilfe von Sensoren den Urin und warnt vor Krankheiten [4]. Sportuhren-Hersteller wechseln die Altersgruppe und den thematischen Fokus und setzen auf die Trends Prävention und „Predictability", die Vorhersagbarkeit von Gesundheitsgefahren mithilfe Datenerkennung.

Vielversprechende medizinische Innovationen stellten sich früh im 21. Jahrhundert ein, gerieten aber auch schnell ins Stocken. Bereits im Jahr 2001 gelang der erste chirurgische Eingriff auf Distanz („Tele Surgery"), als eine Gruppe von Chirurgen aus New York die Gallenblase eines Patienten in Frankreich entfernten. In den 20 Jahren danach machte die Tele-Chirurgie jedoch keine nennenswerten Fortschritte mehr. Mangelnde Datensicherheit und suboptimale Netzgeschwindigkeiten lassen diese erfreuliche Innovation – bis jetzt – als eine wackelige Angelegenheit erscheinen, weswegen die Tele-Chirurgie jahrelang stagnierte. Es gibt also auch den Fall, dass ein Trend technologisch proper ausgearbeitet vorliegt, Geldmittel, Technologien, Ressourcen, mangelnder politscher Wille oder die „Gegenwartsbeschränktheit" der Gesellschaft indes die Weiterentwicklung blockieren. Mit der Einführung des 5G-Netzes und den bedeutsamen Fortschritten in der Chirurgie-Robotik, so glauben Expert*innen, wird sich das raumunabhängige Operieren in nächster Zeit endgültig etablieren.

Technologien wecken häufig (nicht nur in der Medizin, aber dort besonders) exorbitante Hoffnungen. Von wirksamen Medikamenten hängt Leben und Tod ab. Den Krebs zu besiegen, das hat schon John F. Kennedy in seiner ersten Amtszeit den fortschrittsoptimistischen Amerikanern zu Beginn der 1960er-Jahre versprochen. Es blieb ein Versprechen. In den kommenden Jahren wird die Bedeutung von technologiebasierten Innovationen für Medizin und Gesundheit noch einmal zunehmen. Kaum ein Sektor unseres Lebens ist mittlerweile so von Hightech durchdrungen wie die Gesundheit.

Das globale Umsatzvolumen der Gesundheitsversorgung wird von der Weltgesundheitsorganisation (WHO) auf 8,3 Trillionen US-Dollar (zehn Prozent des globalen Bruttoinlandsprodukts) geschätzt [5]. In den OECD-Ländern soll der Anteil der Gesundheitsausgaben am Bruttoinlandsprodukt bis 2060 um mehr als 50 % ansteigen. Die Erwartung von Milliardengewinnen durch neue Blockbuster-Medikamente verknüpft sich mit dem Größenwahnsinn von Big Tech.

Google schrieb sich bereits 2013 auf die Fahnen, den Tod besiegen zu wollen. Der Futurologe Peter Schwartz geht davon aus, dass die heute Geborenen 120 Jahre und älter werden können. Gesundheit ist einer von 15 Megatrends und wird Wirtschaft und Gesellschaft in den kommenden 30 bis 50 Jahren signifikant verändern. Der Megatrend Gesundheit äußert sich nicht zuletzt auch darin, dass Gesundheitsbewusstsein, Wohlbefinden und Fitness in unserer Gesellschaft längst zu einem Lifestyle und zu einem Konsumprodukt avanciert sind (zumindest für diejenigen, die es sich leisten können).

In einer Studie der Unternehmensberatung Deloitte (s. Abb. 1.1) wird darauf hingewiesen, dass viele der Top-10-Todesfolgen auf ungesundes Essverhalten und ungesunde Lebensstile zurückgeführt werden müssen. Wer braucht dann die Digitalisierung, wenn es bereits hilft, gesünder zu leben? Die Antwort ist ganz einfach. Die Digitalisierung der Gesundheit soll ja auch nicht ein gesundes Leben und die hilfreiche Ärztin oder den Arzt durch Apparate, Sensoren, Apps und andere Technologien ersetzen. Die Digitalisierung kann umgekehrt, davon sind wir, das Institut für Trend- und Zukunftsforschung (ITZ), zutiefst überzeugt, die Gesund-

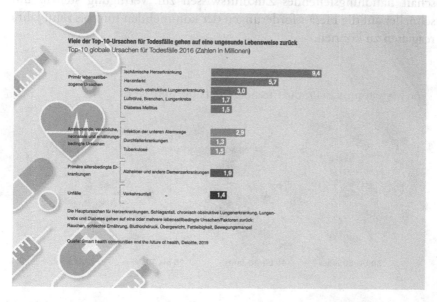

Abb. 1.1 (Ungesunder) Lebensstil immer häufiger Todesursache

heitsversorgung und das individuelle Gesundheitserleben der Menschen deutlich verbessern. In Kap. 9 wird mit der Selbstoptimierung ein gesellschaftlicher Trend beschrieben, der auf Daten, Gadgets und die Wissenschaft setzt, um proaktiv Gesundheit sicherzustellen (wenn auch mit einigen fragwürdigen Begleiterscheinungen).

Megatrends sind Frühwarnsysteme: Unterwegs in die neue Ära der personalisierten Medizin

Das Institut für Trend- und Zukunftsforschung (ITZ) forscht seit Jahrzehnten an den Megatrends, um Wirtschaft und Gesellschaft Frühwarnsysteme für ihre Managemententscheidungen zur Verfügung zu stellen (s. Abb. 1.2). Nicht jeder der insgesamt 15 Megatrends, die das Institut für Trend- und Zukunftsforschung (ITZ) identifiziert hat, hat für Unternehmen, Institutionen und Branchen umgehend dramatische Konsequenzen. In unserer Beratungs- und Schulungsarbeit fällt jedoch immer wieder auf, dass rund vier bis sechs Megatrends von den Akteuren aus Wirtschaft und Gesellschaft sofort als relevant für ihr künftiges Handeln angesehen werden. Mit unseren 15 Megatrends möchten wir der Gesellschaft handlungsleitendes Zukunftswissen zur Verfügung stellen, um schneller auf die Herausforderungen der kommenden fünf bis zehn Jahre reagieren zu können.

Von Megatrends zu Produkt-Trends: Die Logik der Trends

Abb. 1.2   Die Trend-Matrix des ITZ

Unsere Trendanalysen sollen dazu beitragen, dass Sie, liebe Leserinnen und Leser, die Auswirkungen des Megatrends Gesundheit für Wirtschaft und Gesellschaft schnell und treffsicher einschätzen und zukünftige Entscheidungen selbstbewusst fällen können.

Allerdings fallen Trends, auch auf einem hochkomplexen Gebiet wie der Gesundheit, nicht einfach vom Himmel. Megatrends sind die einflussreichsten Veränderungstreiber in Wirtschaft und Gesellschaft, die unser zukünftiges Leben maßgeblich prägen werden. Megatrends machen benennbar, was in den kommenden Jahren vor allem unsere Aufmerksamkeit als Gesellschaft und in der Wirtschaft fordert und für Irritationen, Disruptionen und Innovationen sorgt.

Die Innovationswahrscheinlichkeit steigt noch einmal exponentiell, wenn mehrere Megatrends miteinander interagieren. Der Megatrend Digitalisierung, diese These werden wir hier vertreten, wird in den kommenden Jahren innerhalb der Gesundheitsversorgung dafür sorgen, dass jeder Akteur im Gesundheitssystem davon ausgehen muss, dass ihre Position während des Systemwandels grundlegend neu beschrieben wird.

Allerdings ist es nicht nur der Megatrend Digitalisierung, der die Gesundheitsbranche herausfordert und zum „Andershandeln" auffordert. Die Alterung der Gesellschaft (Megatrend Demografischer Wandel) – bis ins Jahr 2060 auf allen Kontinenten, in allen Regionen unserer Welt ein unhintergehbares Faktum – wird das Veränderungstempo und die Ausrichtung von Innovationen auf dem Gesundheitssektor ebenfalls stark beeinflussen (s. Abb. 1.3).

Welche Auswirkungen der Megatrend Klimawandel auf unsere Gesundheitsversorgung hat, ist zurzeit nur ansatzweise absehbar. Fest steht, dass der vom Menschen gemachte Klimawandel bereits seit dem Jahr 2000 in Deutschland jedes Jahr Schäden in Höhe von 6,6 Mrd. € verursacht. Zu diesem Ergebnis kommt ein vom Bundesministerium für Wirtschaft und Klimaschutz beauftragtes Projekt, das die Kosten der Klimawandelfolgen in Deutschland berechnen soll [6]. Klar ist auch, dass ein wirksamer Klimaschutz die Gesundheitskosten in allen Volkswirtschaften deutlich senken würde. Der Studie des renommierten Lancet-Journals zu Klimawandel und Gesundheit zufolge wurden im Jahr 2018 in Deutschland rund 20.200 Todesfälle bei über 65-Jährigen registriert, die im Zusammenhang mit hohen Temperaturen standen. Nur

Von Megatrends zu Produkttrends: Megatrends – die großen
Veränderungstreiber

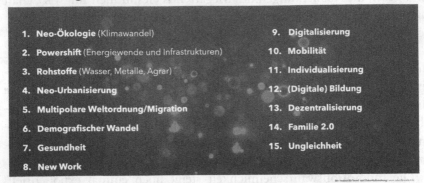

1. **Neo-Ökologie** (Klimawandel)   9. **Digitalisierung**

2. **Powershift** (Energiewende und Infrastrukturen)   10. **Mobilität**

3. **Rohstoffe** (Wasser, Metalle, Agrar)   11. **Individualisierung**

4. **Neo-Urbanisierung**   12. **(Digitale) Bildung**

5. **Multipolare Weltordnung/Migration**   13. **Dezentralisierung**

6. **Demografischer Wandel**   14. **Familie 2.0**

7. **Gesundheit**   15. **Ungleichheit**

8. **New Work**

Abb. 1.3 Megatrends sind sozioökonomische Frühwarnsysteme

China und Indien hatten laut Studie mehr Hitzetote zu beklagen. Die
monetären Kosten für diese Klima-Todesfälle sind vergleichbar mit dem
Durchschnittseinkommen von rund 1,9 Mio. Bürger*innen [7].

Mit der vorliegenden Studie möchten wir Hinweise geben, wie sich die
maßgeblichen Trends auf dem weiten Feld der Gesundheit in den kommenden Jahren entwickeln werden. Mit der Schwerpunktlegung auf digitale Prozesse in der Gesundheitswirtschaft ist bereits eine wichtige
Trendentscheidung benannt.

Zugleich möchten wir mit diesem Schwerpunkt verdeutlichen, dass die
disruptive Wirkung des Megatrends Digitalisierung nicht zuallererst einer
weiteren Technisierung der Gesundheit (Stichwort: „Apparate-Medizin")
zuarbeitet, sondern für die Patient*innen ein neues Verhältnis zu ihrer
Gesunderhaltung erschließt (s. Abb. 1.4). Es ist unbestritten, dass bei der
sich derzeit rasant vollziehenden Digitalisierung der Gesundheitsversorgung vielfältige Einfluss-, Kommerzialisierungs- und Effizienzinteressen
eine tragende Rolle spielen. Doch das muss nicht zwangsläufig etwas
Schlechtes bedeuten. Speziell in Kap. 6 zeigen wir, dass die Digitalisierung
die große Chance bietet, Gesundheit als Dienstleistung bei den „Kunden-Patient*innen" anders ankommen zu lassen als bislang. Es bedeutet,
dass die Patient*innen die Chance bekommen, künftig aktiver, souveräner,
sensibler und verantwortungsbewusster mit ihrer Gesundheit umzugehen.

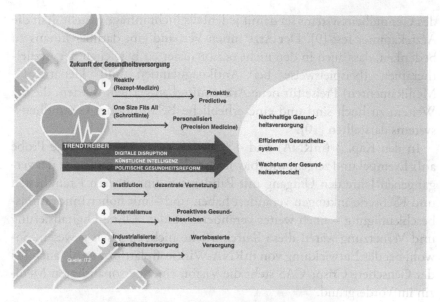

Abb. 1.4 Digitalisierung heißt Dezentralisierung

In Kap. 2 beleuchten wir, wie das Internet der Gesundheit beziehungsweise das Internet of Medical Things (IoMT) Gestalt annimmt. In der Analyse einer Vielzahl digitaler oder „digital gewordener" Gesundheitsunternehmen wird deutlich, wie das Internet der Gesundheit wächst und welche Bedingungen für seine zukünftige Umsetzung unverzichtbar sind.

Wir stehen am Beginn einer neuen Ära. Eine weitere zentrale These des Buches lautet deshalb: Medizinisch-technische Durchbrüche und die Digitalisierung der Gesundheitsversorgung machen es endlich möglich, Kurs auf eine personalisierte Gesundheitsversorgung zu nehmen [8].

Aber ist die personalisierte Medizin respektive die Präzisionsmedizin nicht ein Phantasma, ein überspannter Tagtraum, ähnlich dem von der Abschaffung der Sterblichkeit? Und ist das alles angesichts leerer Kassen nicht eine realitätsfremde Utopie? Die Bundesärztekammer ist da anderer Meinung. Bei Arzneimittel-Gesamtausgaben der gesetzlichen Krankenkassen in Deutschland von rund 40 Mrd. € in den Jahren 2017 und 2018, das geht aus einem Papier der Ärztekammer hervor, falle die Kostensteigerung von einer Milliarde Euro für personalisierte Therapien in der Onkologie im Jahr 2019 kaum ins Gewicht. Die Finanzierbarkeit des Gesundheitssystems sei damit jedenfalls nicht infrage gestellt, hält die Ärztekammer fest [9]. Der Ärzt*innen-Verband gibt darüber hinaus zu bedenken, dass auch in den nicht personalisierten Bereichen der Arznei-therapien (beispielsweise bei Antikoagulantien und Hepatitis-C-Medikamenten) Preise für neue Arzneimittel aufgerufen werden, die bei Weitem zu hoch sind und eine erhebliche Belastung des Gesundheits-systems darstellten [10].

In den Kap. 3 (mRNA) und 4 (Crispr/CAS) machen wir die Probe aufs Exempel und zeigen, wie (bio-)technologische Disruptionen der ver-gangenen Jahre den Umgang mit Pandemien, unheilbaren Krankheiten und Krebserkrankungen verändert haben und – mit hoher Innovations-beschleunigung – noch weiter verändern werden. Ohne Digitalisierung und Vernetzung wären diese Durchbrüche nicht möglich gewesen. So-wohl bei der Entwicklung von mRNA-Wirkstoffplattformen als auch bei der Genschere Crispr/CAS steht die Vision einer personalisierten Medi-zin im Vordergrund.

Das magische Dreieck der Gesundheit: verbesserter Zugang für alle, verbesserte Qualität der Versorgung und eine verbesserte Kostenkontrolle durch die Abkehr von der Fallpauschalenregelung ist nur dann umsetz-bar, wenn das volatile System (möglichst alle Akteure!) den Megatrend Digitalisierung als Produktivkraft der Zukunft begreift.

Ungenutzte Daten, frustrierte Krankenkassen und die Systemfrage
Eine Szenario-Analyse aus dem Jahr 2017 zeigt, dass durch kluge Daten-nutzung beispielsweise in der Krebsforschung unter günstigen Um-ständen 20 bis 25 % der Stammzelltransplantationen bei gleichen Überlebenschancen vermieden werden können [11]. Die Datenerhebung im Gesundheitssektor wird zukünftig durch neue Techniken (ins-besondere sogenannter mikrofluidischer Strukturen, besser bekannt als: Lab-on-a-chip [12]) die quantitative Diagnostik von komplexen Immun- und Gen-Analysen ermöglichen. Dadurch sollten sich Analysezeiten bei steigender Datenqualität erheblich verkürzen. Gerade bei zeitkritischen Entscheidungen in der Notfallmedizin (Nachweise von Herzinfarkten und Schlaganfällen) wird dies Leben retten. Möglicherweise kann auf di-gitalem Wege die Notwendigkeit, Gewebeproben zu entnehmen, eben-

falls vermindert werden. Insbesondere bei der Therapie und Begleitung von Krebserkrankungen ist das von großem Nutzen.

Hausärzt*innen in Deutschland, die bis vor Kurzem noch den Großteil ihres Datenverkehrs mit Faxgeräten abgewickelt haben, müssen sich angesichts der rasanten Technisierung und Vernetzung in der Medizin spätestens jetzt fragen, wie sie, sagen wir in zehn Jahren, ohne künstliche Intelligenz (KI) auf dem Laufenden bleiben und kompetent an Entscheidungsprozessen beteiligt werden wollen. Das „Clinical and Patient Decision Support System" [13] der U. S. Food and Drug Administration (FDA) hat hier Standards gesetzt. Mithilfe selbstlernender Systeme können Fachkräfte in Gesundheit und Medizin diesen digitalen Assistenten im Arbeitsalltag nutzen. 60 % der finnischen Ärzt*innen im öffentlichen Dienst nutzen mittlerweile das System.

Es klingt so visionär, stellt sich in der Praxis aber nach wie vor als höchst kompliziert, wenn nicht gar unmöglich, dar. Die Rede ist von dem Konzept eines „medizinischen Superrechners", der mit den Mitteln der künstlichen Intelligenz bahnbrechende Fortschritte erzielt. Das sähe in den Augen der Bundesärztekammer in etwa so aus: Alle behandlungsrelevanten Informationen wie der klinische Status, radiologische Befunde, laborchemische Parameter, histopathologische Diagnosen, immunologische und molekulare Analysen und vieles andere mehr werden in einer Datenbank verknüpft. Unter Hinzunahme von weiteren externen Informationen (aktuelle klinische Studien, Verfügbarkeit spezieller Medikamente) sowie zusätzlichen Parametern werden schließlich geeignete Behandlungsoptionen vorgeschlagen. Die computergestützten Assistenzsysteme würden dabei nicht nur aktuelles Wissen bereitstellen, sondern vor allem wertvolle Entscheidungshilfen geben. „Diese Anwendungen sind zurzeit noch nicht ausgereift und weit von einer medizinischen Anwendung entfernt", resümiert die Bundesärztekammer ziemlich desillusioniert in einem Papier aus dem Jahr 2020 [14].

Klar ist auch, dass eine fachliche Qualifikation von Ärzt*innen für Medizininformatik, Datenwissenschaften und computergestützte Biologie und andere Berufscluster künftig unverzichtbar ist. Mehr noch: Der rasante technologische Wandel trägt schon heute zur Entstehung neuer Berufsbilder auf der Schnittstelle zwischen Informatik, Biologie und Medizin bei. Bereits 2015 startete Biontech mit Siemens eine strategische Partnerschaft, deren Ziel es ist, eine voll automatisierte, papierlose und digitalisierte kommerzielle Produktionsstätte [15] für individualisierte Impfstoffe zu bauen. Diese Partnerschaft wurde im Zuge des Covid-19-Impfstoffprogramms erweitert, wobei Biontech von Siemens insbesondere beim schnellen Ausbau der Produktionskapazitäten des Biontech-Werks in Marburg unterstützt wurde. Das Werk in Marburg gilt seitdem als Blaupause für moderne Produktionsstätten auf der ganzen Welt.

Personalisierte Medizin respektive Präzisionsmedizin wird ihre Innovationspotenziale zukünftig durch die intelligente Nutzung von (Patient*innen-)Daten entfalten können. Auch hier kommt es darauf an, mit welchen Akteuren aus der Gesundheitsbranche man spricht. Erfreulich ist, dass mehr Patient*innennähe und die Personalisierung von Gesundheitsdienstleistungen mittlerweile von relevanten Akteuren im Gesundheitssystem direkt mit mehr Digitalisierung und einem zeitgemäßen Datenmanagement in Verbindung gebracht werden.

Für Jens Baas, Chef der Techniker Krankenkasse, steht fest, dass es im deutschen Gesundheitssystem viel zu selten um die Patient*innen geht. Genauer betrachtet, gehörten Daten nicht zum hippokratischen Eid, so Baas (Wirtschaftswoche-Podcast 2022). Datenschutz sei an vielen Stellen in erster Linie Interessenschutz. Beispielsweise dürfen Daten zwischen den Kassen nicht kommuniziert werden. Dabei könnten transparente Patient*innen-Informationen hilfreiche Einblicke in die Medikamentierung geben und auf Gesundheitsrisiken hinweisen.

Gestützt wird diese Ansicht von Alena Buyx, der Vorsitzenden des Deutschen Ethikrates. Sie setzte sich im Dezember 2022 in einem Interview mit der „Süddeutschen Zeitung" für einen offeneren Umgang mit Gesundheitsdaten ein. Die intelligente Nutzung von Daten, so Buyx, könne Menschenleben retten und sei für moderne medizinische Spitzenforschung künftig ohnehin unabdingbar: „Denn es ist ethisch problematisch, Prävention, gute Patient*innenbehandlung, Anpassung an demografischen Wandel und wichtige Forschung durch nicht mehr passende rechtliche Regeln oder durch bürokratische Hürden zu verzögern oder gar zu verhindern. Die Kombination unseres strikten Datenschutzes mit der wenig pragmatischen Kultur der Datennutzung kostet Leben, da gibt es viele Beispiele." [16]

Die geharnischte Entgegnung folgte indes prompt und kam von Stefan Brink, der zu diesem Zeitpunkt noch Baden-Württembergs oberster Datenschützer war. Er kanzelte Buyx' Thesen als „uninformiert und schwer erträglich" ab. Erstaunlicherweise fordert Brink selbst eine gelassenere Diskussion: „Ethiker sollten gelernt haben, dass man gesellschaftlich bestimmende Entwicklungen wie die Digitalisierung nicht durch einseitige und zuspitzende Äußerungen vorantreibt, sondern alle relevanten Interessen mit ruhigem Blick einbezieht und abwägt." [17]

Pharmakonzerne, es versteht sich fast von selbst, fordern ebenfalls ein neues Denken in Sachen Datennutzung. Eigene Daten aus klinischen Studien werden von Pharmaunternehmen bereits fleißig genutzt. Was sich die Gesundheitskonzerne indes wünschen, sind aggregierte und anonymisierte Daten von „echten Patient*innen". Die sind hierzulande praktisch nicht zugänglich. Leichter geht das in den USA oder auch China. Dass sich in Deutschland die elektronische Patient*innenakte nach wie vor nur schleppend etabliert und der erste Pilotversuch für das elektronische Rezept zum wiederholten Mal gestoppt wurde, unterstreicht, dass es tatsächlich einen Innovationsstau gibt [18].

Digitalisierung und Datenmanagement spielen bei jedem unserer Trends eine wichtige Rolle. In den Kap. 5 und 6 verdichten wir Szenarien, die zum einen zeigen, wie das Krankenhaus der Zukunft mithilfe der Produktivkraft der Digitalisierung nicht nur architektonisch, sondern vor allem organisatorisch neu erfunden werden kann. Zum anderen beginnen digitale Ökosysteme respektive Plattformen damit, immer mehr Gesundheitsdienstleistungen – auf Basis neuer Geschäftsmodelle – immer stärker ins Internet zu verlagern. An den digitalen Gesundheitsportalen wird sich in den kommenden Jahren entscheiden, wie Big Tech (vor allem Google, Amazon, Microsoft und Apple) in das Verhältnis von Patient*innen und Ärzt*innen intervenieren wird.

Die Systemfrage muss beantwortet werden: Welche Medizin wollen wir?

Die Lage ist angespannt. Schlecht vorbereitete Gesetzgebungsinitiativen – mit solchen Vorwürfen positionieren sich mittlerweile die Vertreter der gesetzlichen Krankenversicherung im Angriffsmodus –

seien letztlich verantwortlich für die Verschuldung der Krankenkassen. Insbesondere die Fallpauschalenregelung hat in Deutschland eine Versorgungslage entstehen lassen, in der es nur nachrangig um die Gesundheit der Patient*innen geht. Häufig sieht die Praxis so aus: Die Ärzt*in, die eine*n Patient*in mit Rückenschmerzen untersuchen soll, hat dafür im deutschen Gesundheitssystem nur wenig Zeit. Eigentlich bräuchte er/sie für eine gewissenhafte Untersuchung mindestens 20 min. Da dies in der Regel nicht möglich ist, greift er/sie umgehend auf MRT-Bilder zurück; er/sie untersucht also eher das Bild als den/die Patient*in, der/die ihr gegenübersitzt. Hätte der/die Ärzt*in Zugang zu umfangreicheren Patient*innendaten, könnte er/sie sich ein umfassenderes Bild von dem*r Patient*in machen.

Techniker-Chef Baas ist Systemkritiker und -visionär in Personalunion. Seine Beobachtungen (natürlich argumentiert er aus der Perspektive der gesetzlichen Krankenkassen) helfen beim Verständnis des kränkelnden Systems. Ihm geht es um die Neuaufstellung der Krankenkassen. Die gesetzlichen Krankenkassen (GKV), so Baas, finanzieren beispielsweise die medizinischen Infrastrukturen, die Ärzt*innen können sie im Grunde kostenlos für ihre kommerziellen Interessen (also auch die Behandlung von Privatpatient*innen) nutzen [19]. Baas macht sich für die Idee stark, gesetzliche und private Krankenversicherungen (PKV) auf einem freien (aber nicht unregulierten) Markt um die Kundinnen und Kunden konkurrieren zu lassen. Voraussetzung dafür sei (was bei den Privaten freilich auf wenig Gegenliebe stoßen dürfte): Die private Krankenversicherung darf nicht gewinnorientiert arbeiten und die Gesetzlichen müssten höhere Honorare an den Arzt bzw. die Ärztin auszahlen.

In Deutschland wird grundsätzlich jede*r Patient*in ohne Gesundheitsprüfung in eine gesetzliche Krankenkasse aufgenommen. Der neue Wettbewerb um die Kunden-Patient*innen (ohne Gewinnaussichten!) könnte auf diese Weise den Gesundheitsmarkt gerechter machen. Ziel, so Baas, sei lediglich die Schaffung von Wachstum, jedoch nicht die Weitergabe von Gewinnen (was soll eine gesetzliche Krankenkasse auch mit Gewinnen anfangen?).

Ein solches runderneuertes System wäre also auch deshalb gerechter, weil es ausschließlich für die Versorgung der Patient*innen und nicht die

Befriedigung der Shareholder genutzt würde. Es würde jede*n Antragsteller*in ohne Gesundheitsprüfung in jede Kasse aufnehmen, sodass alle gleichbehandelt werden, weil alle Kassen das Gleiche zahlen. Die Vorteile für die privaten Krankenkassen in einem solchen System: zufriedene Kund*innen und Daten im eigenen Ökosystem, die kommerziell weiterverwertet werden könnten. Pharmafirmen wären dagegen die Gewinnabsichten in einem solchen System nicht abzusprechen, allerdings, so Baas, sollten die Preise für Medikamente gedeckelt werden, weil aus einem Versorgungssystem für alle nicht beliebig hohe Gewinne entnommen werden können. Also doch ein bisschen Planwirtschaft in der Gesundheitsversorgung? Definitiv nicht. Allerdings sollten die Pharmafirmen nicht mehr in der Lage sein, für Medikamente Fantasiepreise aufzurufen. Voraussetzung dafür: Es muss präzise nachgewiesen werden, dass die Medikamente etwas taugen.

Es stellt sich also wirklich die Systemfrage. Baas fordert mit Recht, dass wir uns als Gesellschaft neu überlegen müssen, für was genau wir unsere Ärzt*innen bezahlen. Momentan bezahlen wir sie dafür, dass sie pro Stunde möglichst viele Patient*innen behandeln. Wenn wir wollen, dass sie sich besser um die Patient*innen kümmern, müssen wir für die Ärzt*innen andere Anreize schaffen, also ein alternatives Vergütungssystem anbieten. Ein System, das keine Wahlfreiheit lässt (Abschaffung der privaten Krankenversicherung), wäre ein Zwangssystem und würde die Versorgungsqualität sicherlich nicht verbessern, eher im Gegenteil.

„Healthcare is the new manufacturing": Zukunft der Gesundheit zwischen Jobwunder und Versorgungsnotstand

Gesundheit ist nicht nur ein essenzieller Bestandteil der staatlichen Daseinsvorsorge. In Pflege und Gesundheit spiegeln sich die Werte und Normen, Lebensknappheiten und Konflikte unserer Gesellschaft wider – wie sollte es auch anders sein? Verfehlungen, Verspätungen, ideologische Kurzsichtigkeit treten hier besonders grell zutage. Zeige mir dein Gesundheitssystem und ich sage dir, welches Menschenbild deiner Gesellschaft zugrunde liegt. Die entscheidende Frage ist: Wie verteilen wir künftig in unserer Gesellschaft Lohn und Arbeit sozialverträglich und wie gehen wir mit bezahlter und unbezahlter Arbeit um?

Das Damoklesschwert, das schon länger über der deutschen Krankenhauslandschaft schwebt, berührt einen weiteren Aspekt des Megatrends des demografischen Wandels: die nicht zu leugnende Versorgungslücke von deutschlandweit fünf Millionen fehlenden Arbeitskräften in Pflege und Gesundheit für die kommenden Jahre. Auch das müsse, so die Krankenhaus-Kommission [20], bei der Refinanzierung des Gesundheitssystems kompensiert werden.

Jüngst wurde der Fall einer bulgarischen Pflege- und Betreuungskraft vor dem Bundesarbeitsgericht (BAG) verhandelt. In ihrem Arbeitsvertrag war eine Arbeitszeit von 30 h pro Woche vereinbart, sie leistete jedoch regelmäßig 24-Stunden-Dienste. Das Gericht entschied in einem aufsehenerregenden Urteil, dass nach Deutschland entsandte Betreuungskräfte auch für Bereitschaftszeiten Anspruch auf den gesetzlichen Mindestlohn haben. Das Urteil hat zur Folge, dass die Kosten für ausländische Haushalts- und Betreuungskräfte weiter deutlich steigen werden. Entsprechend stellt sich für Pflegebedürftige die Frage, wie die Versorgung in den eigenen vier Wänden finanziert werden soll [21].

In Deutschland steht die Soziale Pflegeversicherung (SPV) vor großen Herausforderungen. Von 2005 bis 2021 ist die Zahl der Leistungsempfänger*innen von rund zwei auf 4,6 Mio. gestiegen [22]. Dies muss auf den demografischen Wandel zurückgeführt werden, aber vor allem auch auf die Erweiterung des Zugangs zu den Pflegeleistungen, der zuletzt 2017 mit der Einführung eines neuen Pflegebedürftigkeitsbegriffs deutlich verbessert wurde [23]. Nicht selten suchen Pflegebedürftige oder deren Angehörige Hilfe bei Firmen, die ausländische Pflegekräfte in der sogenannten 24-Stunden-Betreuung vermitteln. In geschätzt 300.000 Haushalten in Deutschland ist dies der Fall.

Katastrophale Versorgungsengpässe rufen Betrüger auf den Plan. Die Prüfgruppe Abrechnungsmanipulation der KKH Kaufmännische Krankenkasse hat 2020 so viele Hinweise erhalten wie noch nie. 768 Verdachtsfälle wurden bundesweit gemeldet und damit 61 % mehr als 2019. Trauriger Spitzenreiter im Betrugs-Ranking: Pflegedienste mit 391 Fällen, gefolgt von Pflegeheimen mit 194 Fällen. Damit entfallen drei Viertel aller Hinweise im Jahr 2020 auf Pflegeleistungen [24].

In den USA sind Kranksein und die dabei entstehenden Kosten der Nummer-eins-Grund für private Insolvenzen. Aber auch in Europa wird die Gesundheitsversorgung seit der neoliberalen Wende im Laufe der 1980er-Jahre immer weiter entkernt. Um den Staat finanziell zu entlasten, gehörte es zur Doktrin eines marktgläubigen Gesellschaftsentwurfs, die staatliche Daseinsvorsorge einzuschränken und Gesundheitsdienstleistungen in neue „Marktchancen" umzuwandeln. Das war die Geburtsstunde von unzähligen Wellnesstempeln, von Gesundheitstourismus, Nagelstudios, Fußpflegesalons etc., die sich ab den 1990er-Jahren indes nur die neu entstandene Mittelschicht der infoorientierten Wissensarbeiter*innen („Creative Class") leisten konnte [25]. Aus gesundheitlicher Daseinsvorsorge versuchte der libertäre Zeitgeist auf diese Weise ein Konsumprodukt zu machen [26]. Aus Gesundheitsversorgung wurde Lifestyle.

Ausgerechnet der Börsenguru Warren Buffett [27] weist auf einen zentralen Schmerzpunkt hin, wenn er erklärt, dass das Scheitern der Gesundheitsversorgung – nicht nur in den USA – darauf zurückzuführen sei, dass sich die Gesundheitssysteme wie ein nimmersatter Bandwurm durch das Bruttoinlandsprodukt hindurchfressen und Wachstum und Wohlstand verhindern. Seine Empfehlung klingt erstaunlich einfach:

• Free female work! (Nicht nur) sollten anständig bezahlte Jobs im Gesundheitssektor zugänglich gemacht werden

• Und: eine bessere Versorgung mit Jobs in der lokalen Gesundheitsversorgung

Buffett tritt als Anwalt der Frauen auf. Und er zielt mit seiner Forderung auf einen grundlegenden gesellschaftlichen Engpass. Angesichts der maroden Gesundheitssysteme weltweit, aber auch in Hinblick auf die globale Alterung der Gesellschaft und den Pflegenotstand sowie angesichts des Fachkräftemangels sei es an der Zeit, Frauen von unbezahlter Pflege- und Kümmerarbeit bei Kindern und Alten und im Haushalt zu befreien. Zeitstudien [28] weisen seit Jahrzehnten mit unveränderter Tendenz darauf hin, dass Frauen, unabhängig davon, ob es sich um reiche oder arme Länder handelt, deutlich mehr Zeit mit Haushalts-, Familien- und Pflegearbeit zubringen. Im weltweiten Durchschnitt leisten Frauen deutlich mehr unbezahlte Arbeit. Während die Männer durchschnittlich von insgesamt 6,44 h pro Tag 5,21 h bezahlt arbeiten, arbeiten Frauen deutlich länger (7,28 h pro Tag), bekommen jedoch nur 3,03 h davon bezahlt. Laut der Wirtschaftssoziologin Uta Meier-Gräwe erzielen Frauen im Lebensverlauf ein um fast 50 % geringeres Gesamterwerbseinkommen als Männer, leisten aber anderthalb Mal so viel unbezahlte Pflegearbeit [29].

Eine „Care Economy" der Zukunft, eine Gesundheitsversorgung, die vor Ort nah an den Patient*innen stattfindet und damit ein nachhaltiges Jobwunder für das 21. Jahrhundert schafft – ist das ein realistisches Szenario? Der weltweite Pflegenotstand, wie er sich angesichts der Alterung der Menschen auf nahezu allen Kontinenten bereits jetzt abzeichnet, könnte Millionen von Menschen eine sinnvolle Arbeit geben [30]. In den USA werden seit 2018 mehr Menschen auf dem Gesundheitssektor, vor allem in der Pflege und Krankenbetreuung, beschäftigt als in der klassischen Industrie.

Im Gesundheitssektor, insbesondere in der Pflege, wird in den kommenden Jahren die Situation eintreten, dass Technologien (an erster Stelle Robotik und andere Automatisierungslösungen) menschliche Arbeit unterstützen und erleichtern. Wir brauchen also keine Angst vor dem Monster der künstlichen Intelligenz und dem Ende der Arbeit, beginnend durch Millionen Jobverluste, zu haben! Dieses Szenario wird nicht eintreten [31].

Der stete Zuwachs an internationalen Arbeitsplätzen insbesondere im Industriesektor, wie er in den vergangenen 30 Jahren stattgefunden hat (angetrieben vor allem durch das marktwirtschaftliche Erwachen Chinas zur industriellen Supermacht), wird definitiv nicht mehr die Entwicklungen in den kommenden 20 Jahren bestimmen. Wir bemerken das schon länger angesichts der anhaltenden Konjunktur des Begriffs des Fachkräftemangels, ein Phänomen, das in den 2010er-Jahren zunächst nur in wenigen spezialisierten Branchen und Regionen auffindbar war, mittlerweile aber zum Zukunftsrisiko für viele Branchen in vielen Volkswirtschaften avanciert ist.

Die Frage ist, wie lässt sich aus Mangel und Missmanagement eine Zukunftsperspektive für Millionen Menschen entwerfen? Sechs von zehn neuen Jobs in den USA werden in den kommenden zehn Jahren im Gesundheitsbereich entstehen: Pflege, Therapie, Alltagsunterstützung, alles sogenannte „Hightouch"-Jobs, die auf absehbare Zeit eben nicht von Robotern übernommen werden können. Das einzige Problem dabei: Die Berufszweige „Home Health" und „Personal Care" sind diejenigen Top-10-Jobs der Zukunft, in denen mit Abstand am schlechtesten verdient wird.

Doch wer in den kommenden Jahren überlegt, sagen wir, aus Indien in die westliche Welt auszuwandern, der wird im Gesundheitssektor mit offenen Armen empfangen werden. Laut dem Kings Fund [32] fehlten bereits vor der Pandemie rund 43.000 Arbeitskräfte im britischen Gesundheitssystem. Nach aktueller Prognose könnte diese Zahl bis ins Jahr 2030 auf 250.000 fehlende Arbeitskräfte innerhalb des National Health Services (NHS) anschwellen. Israel verfügt, gerade was den Digitalisierungsprozess angeht, über ein hervorragendes Gesundheitssystem. Doch auch hier werden schon seit Längerem englischsprachige Pflegekräfte herzlich willkommen geheißen. Ein reiches Land wie Norwegen meldete bereits im Jahr 2018 bei spezialisierten Pflegekräften eine Ausfallquote von 47 % [33]. Jedoch sind die Zugangsbarrieren hier höher als in den meisten anderen Ländern, Pflegepersonal in Norwegen wird nur nach einem anspruchsvollen Sprachtest eingestellt.

In Kanada gibt man sich grundsätzlich zuzugsfreundlicher. Im Jahr 2022 fehlten bereits 16.000 Ärzt*innen und Pflegekräfte [34]. Australien zieht schon immer Arbeitsemigranten aus Asien an. Aufgrund des demografischen Wandels (Alterung der Gesellschaft plus Bevölkerungszuwachs) rechnet das Land auf dem siebten Kontinent mit einem Pflegekräftedefizit bis 2025 von 85.000 Menschen [35]. Und selbst in der gut betuchten Schweiz fehlen derzeit schon rund 10.000 Pflegekräfte, bis ins Jahr 2025 rechnen Forscher*innen noch einmal mit einem 20-prozentigen Anstieg des Fachkräftemangels [36]. Dabei versprechen die Eidgenossen eine gute bis sehr gute Bezahlung. Die sprachlichen Voraussetzungen machen das Engagement jedoch nicht unbedingt leicht, denn neben Englisch werden in dem multilingualen Alpenland mitunter Französisch, Italienisch und Deutsch vorausgesetzt.

Das US-Labor Department geht für die nächste Dekade davon aus, dass Gesundheitsdienstleistungen wie dezentrale Gesundheitsversorgung in den eigenen vier Wänden (Home Health Care, siehe Kap. 8) und persönliche respektive personalisierte Gesundheitsdienstleistungen schneller als alle anderen Tätigkeiten in der US-Wirtschaft wachsen werden [37]. Gesundheit avanciert zu dem Zukunftsmarkt der kommenden Jahre. Während sich Jobs in der Telemedizin möglicherweise in Billiglohnländer wie Indien verschieben lassen, sind Pflegeaufgaben nach wie vor Tätigkeiten, die nur vor Ort erledigt werden können. Es braucht die Empathie und Tatkraft der Menschen vor Ort. Kein Zufall also, dass das US-Labor Department sechs der zehn aussichtsreichsten Jobs in den kommenden Jahren auf dem Feld der Pflege, der Unterstützung und der personennahen Therapie sieht.

Janette Dill et al. rechnen damit, dass Pflege, Sorge und Versorgung – in einer immer älter werdenden Gesellschaft – im 21. Jahrhundert das sein werden, was die Industrialisierung für das 20. Jahrhundert war: ein dynamischer Jobmotor, der für Wohlstand sorgen könnte. Und er könnte für nachhaltigen Wohlstand sorgen, denn Gesundheitsdienstleistungen finden zuallererst vor Ort statt und kommen unmittelbar der Wertschöpfung vor Ort zugute [38]. Dafür müssten allerdings bessere Löhne gezahlt werden. Bislang ist es in Europa und stärker noch in den USA so, dass immer, wenn die Konjunktur anzieht, Arbeitskräfte aus dem Pflegebereich abwandern, um auf besser bezahlte Jobs zu springen [39].

Der Pharmamarkt steht vor einer substanziellen Transformation
Wir sollten uns aber auch Folgendes vor Augen halten: Die drakonischen Maßnahmen der Lockdowns haben in der Pandemie Tausende von Arbeitsplätzen gekostet und viele Unternehmen in den Abgrund gerissen (von den sozialen und psychologischen Konsequenzen ganz zu schweigen) [40]. Die Lockdowns wurden von den Regierungen weltweit in erster Linie deswegen verfügt, um eine Überforderung der Krankenhausinfrastruktur unbedingt zu vermeiden. Auch und vor allem der von Wohlstand geprägte Westen war auf die Pandemielage schlecht vorbereitet. Mit Großbritannien, Spanien, Italien und Frankreich drohten einige der bevölkerungsreichsten und mit Luxemburg und der Schweiz zwei der reichsten Länder Europas am Pandemieausbruch zu scheitern [41].

Das Ende der Pandemie im Winter 2022 brachte keinesfalls die erhoffte Entlastung innerhalb der nationalen Gesundheitssysteme. Der „Economist", als liberales Magazin eher einem klassischen Fortschrittsdenken verpflichtet, fürchtet gar, dass die Jahre vor der Pandemie auf dem Niveau einer Gesundheitsversorgung gelebt wurden, das so schnell nicht mehr zurückkommen wird [42].

Der Wandel ist allumfassend. Auch in der Pharmaindustrie gibt es kein Durchatmen. Ganz im Gegenteil: Die technologische Revolution der messengerRNA, die die Entwicklung des Impfstoffs ermöglichte, bedeutet für die beteiligten Unternehmen jedoch nicht, dass die Hände in den Schoß gelegt werden können.

Die Aufregung um die Aktienwerte, die maßgeblich an der Entwicklung und Produktion der lebensrettenden Impfstoffe beteiligt waren, hat sich abgekühlt. Keine Frage, der Quantensprung in der Wirkstoffproduktion durch die mRNA-Technologie wird für den gesamten Gesundheitssektor nachhaltige Konsequenzen haben. Nach wie vor wirkt sich medizinischer Fortschritt positiv auf unser Leben aus. Doch die Unsicherheiten, mit denen auch erfolgreiche Unternehmen in die nahe Zukunft blicken, sind erheblich. Schauen wir nur auf die Umsatzerwartungen bei Impfstoffen und Medikamenten gegen Covid. Nach den bisherigen Analysten-Schätzungen dürften sich die Umsätze 2023 in etwa halbieren, nachdem sie im vergangenen Jahr noch stark auf rund 100 Mrd. US-Dollar angestiegen waren.

Von der aktuellen Lage am stärksten betroffen sind der US-Konzern Pfizer, sein deutscher Partner Biontech sowie das US-Biotechunternehmen Moderna. Pfizer konnte seine Gesamtumsätze auch dank umfangreicher Lieferverträge für den Covid-Impfstoff Comirnaty und das Covidmedikament Paxlovid im vergangenen Jahr auf rund 100 Mrd. US-Dollar ausbauen. Für 2023 gehen Analysten im Schnitt von einem Rückgang um ein Viertel aus [43].

Nach wie vor belastet der auslaufende Patentschutz viele Pharmahersteller. Die Datenanalysten von Evaluate Pharma gehen davon aus, dass im Jahr 2023 Arzneien mit einem bisherigen Jahresumsatz von insgesamt 57 Mrd. US-Dollar ihren Patentschutz verlieren [44]. Das Geschäftsvolumen, das dadurch neu unter Nachahmerkonkurrenz gerät, ist fast dreimal so groß wie im Vorjahr. Die effektiven Umsatzverluste der Originalhersteller dürften sich entsprechend auf 27 Mrd. US-Dollar addieren. Für die Impfstoffentwickler Moderna und Biontech, die der Covid-Boom unter die 20 umsatzstärksten Pharmafirmen katapultiert hatte, befürchten die Expert*innen deshalb Umsatzrückgänge von 56 respektive 46 %. Und auch für die US-Konzerne Merck & Co. und Gilead zeichnen sich rückläufige Gesamtumsätze aufgrund geringerer Erlöse aus dem Covid-Geschäft ab.

Nicht zufällig beginnt der milliardenschwere Pharmamarkt neuen Trends zu folgen. Ende 2023 dürfte es beispielsweise bei einem Konzern wie Novartis (Jahresumsatz 2021: 51,6 Mrd. US-Dollar) fast ausschließlich um „innovative Medikamente" gehen – also solche, die patentgeschützt sind und damit kräftigen Umsatz und Gewinn versprechen. Schon heute stammen 80 % der Novartis-Umsätze aus dem Geschäft mit neuen Arzneimitteln. Novartis folgt damit einem größeren Trend in der Pharmaindustrie. Fast alle großen Player in der Branche trennen sich seit einiger Zeit von Nebengeschäften und stellen sich neu als „forschungsorientierte Medikamentenhersteller" auf. Die Spezialisierung soll die Kräfte der Unternehmen bündeln und letztlich das Tempo der Innovationen steigern, die am Ende das Geld bringen.

Als forschungsstarker Pharmakonzern hat Novartis in den vergangenen Jahren schon mehrere personalisierte Medikamente entwickelt [45]. Technologische Neuerungen und der Megatrend Digitalisierung, das zeigen wir insbesondere in den Kap. 10 und 11 sind keine Wunderheiler. Sie beginnen aber, uns von der pharmakologisch basierten Medizin, wie wir sie kennen, wegzuführen.

Literatur

1. Eike Wenzel, Oliver Dziemba et al.: Wie wir morgen leben werden, 2012. https://www.amazon.de/s?i=stripbooks&rh=p_27%3ACorinna+Langwieser&s=relevancerank&text=Corinna+Langwieser&ref=dp_byline_sr_book_3
2. https://www.knittingindustry.com/myant-introduces-blood-pressure-monitoring-smart-shirt/
3. https://www.apdaparkinson.org/article/vibrating-gloves-to-improve-parkinsons-symptoms/

4. https://www.golem.de/news/u-scan-withings-stellt-smartes-urinlabor-fuer-die-toilette-vor-2301-170952.html

5. https://www.who.int/publications/i/item/9789240017788

6. Bezifferung von Klimafolgekosten in Deutschland, Prognos 2022. https://www.prognos.com/de/projekt/bezifferung-von-klimafolgekosten-deutschland

7. Der Lancet Countdown 2020 zu Gesundheit und Klimawandel: Antworten auf sich überlagernde Krisen, The Lancet, Vol. 396. https://klimagesund.de/wp-content/uploads/2020/12/20201203-Lancet-Executive-Summary_German.pdf

8. „Medicine is getting to grips with individuality". Economist, 12. März 2020. https://www.economist.com/technology-quarterly/2020/03/12/medicine-is-getting-to-grips-with-individuality

9. Präzisionsmedizin: Bewertung unter medizinisch-wissenschaftlichen und ökonomischen Aspekten, Bundesärztekammer, Deutsches Ärzteblatt, 17. Januar 2020. https://www.bundesaerztekammer.de/fileadmin/user_upload/_old-files/downloads/pdf-Ordner/MuE/20200601_Stellungnahme_Praezisionsmedizin.pdf

10. Bundesärztekammer ebd.

11. Moritz Gerstung, Elli Papaemmanuil, Inigo Martincorena et al.: Precision oncology for acute myeloid leukemia using a knowledge bank approach, Nat Genet 2017; 49: 332–40.

12. Lab-on-a-chip https://www.nature.com/subjects/lab-on-a-chip

13. Sutton, R.T., Pincock, D., Baumgart, D.C. et al.: „An overview of clinical decision support systems: benefits, risks, and strategies for success", Nature, 6. Februar 2020. https://doi.org/10.1038/s41746-020-0221-y

14. Bundesärztekammer ebd.

15. Good Manufacturing Practices. https://www.bundesgesundheitsministerium.de/gmp.html

16. Süddeutsche Zeitung. https://www.sueddeutsche.de/wissen/datenschutz-gesundheitswesen-e-rezept-elektronische-patientenakte-digitalisierung-ethik-1.5711682

17. https://www.handelsblatt.com/politik/deutschland/digitalisierung-des-gesundheitswesens-uninformiert-und-schwer-ertraeglich-datenschuetzer-attackiert-ethikrat-chefin/28857782.html#:~:text=Buyx%20hatte%20im%20Interview%20mit,Sicht%20sogar%20notwendig%2C%20sagte%20Buyx. Dietmar Neuerer: „‚Uninformiert und schwer erträglich': Datenschützer attackiert Ethikrat-Chefin", Handelsblatt, 9. Dezember 2022.

18. „Einzige E-Rezept-Pilotregion für Arztpraxen legt Vorhaben auf Eis", Süddeutsche Zeitung, 3. November 2022, SZ/dpa. https://www.sueddeutsche.de/wirtschaft/e-rezept-apotheken-arzt-digitalisierung-gesundheitswesen-1.5686339

19. Interview mit Jens Baas im Wirtschaftswoche-Podcast „Chefgespräch": „Es geht ehrlich gesagt ganz selten um den Patienten", November 2022. https://open.spotify.com/episode/3mpGtl2wBCfaoHxGDwawfb?si=49042b b9b3444392

20. Krankenhaus-Kommission.   https://www.bundesgesundheitsministerium.de/presse/pressemitteilungen/bm-lauterbach-stellt-krankenhaus-kommission-vor.html

21. „24-Stunden-Pflegekraft muss auch Lohn für 24 Stunden erhalten", Legal Tribune Online, 5. September 2022. https://www.lto.de/recht/nachrichten/n/landesarbeitsgericht-berlin-brandenburg-21sa190019-mindestlohn-entlohnung-lohn-24-stunden-haeusliche-pflege-pflegekraft-zu-hause/

22. Daten zum Gesundheitswesen: Soziale Pflegeversicherung (SPV). Verband der Ersatzkassen. https://www.vdek.com/presse/daten/f_pflegeversicherung.html

23. Pflegebedürftigkeitsbegriff 2017.

24. Dr. Bettina Prigge: „Pflegedienste trauriger Spitzenreiter", Ersatzkasse Magazin, 17. August 2021. https://www.vdek.com/magazin/ausgaben/2021-04/abrechnungsbetrug-pflegedienste-spitzenreiter.html

25. Richard Florida: The Rise of the Creative Class, 2002. https://www.researchgate.net/publication/306081239_Richard_Florida_The_Rise_of_the_Creative_Class

26. Eike Wenzel: „Privatisierung macht aus Bürgern Konsumenten – Es ist Zeit, endlich umzusteuern", Handelsblatt, 24. Juli 2020. https://www.handelsblatt.com/meinung/gastbeitraege/expertenrat/wenzel/expertenrat-eike-wenzel-privatisierung-macht-aus-buergern-konsumenten-es-ist-zeit-endlich-umzusteuern/26027916.html

27. „Buffett, Bezos und Dimon schmieden eigene Gesundheitsreform", Manager Magazin, 31. Januar 2018. https://www.manager-magazin.de/unternehmen/artikel/buffett-bezos-und-dimon-schmieden-eigene-gesundheitsreform-a-1190580.html

28. Lukas Koschnitzke: „Haushalt bleibt Frauensache", Zeit, 10. März 2014. https://www.zeit.de/karriere/2014-03/hausarbeit-frauen-internationalvergleich?page=3 „Das Leben von Frauen und Männern in Europa. Ein statistisches Portrait", Statistisches Bundesamt 2020. https://service.destatis.

de/DE/FrauenMaennerEuropa/images/pdf/WomenMenEurope-DigitalPublication-2020_de.pdf?lang=de

29. Ulrike Günther: „Umdenken gefordert: Frauen tragen immer noch Hauptlast der Pflegearbeit", Zwd. Info, 2. März 2020. https://www.zwd.info/umdenken-gefordert-frauen-tragen-immer-noch-hauptlast-der-pflegearbeit.html

30. Rana Foroohar: Homecoming. The Path To Prosperity In A Post-Global World, 2022.

31. Jaana Remes et al.: „Prioritizing Health: A Prescription for Prosperity", McKinsey Global Institute, 8. Juli 2020.

32. The health care workforce in England: make or break?, 15. November 2018. https://www.kingsfund.org.uk/publications/health-care-workforce-england

33. State of Health in the EU Norway Country Health Profile 2019. https://www.euro.who.int/__data/assets/pdf_file/0006/419469/Country-Health-Profile-2019-Norway.pdf

34. Rebecca Major: „Canadian Immigration Options for Nurses in 2023", 16. Dezember 2022 https://www.canadim.com/blog/canadian-immigration-options-nurses/

35. What's in store for the future of the nursing industry in Australia?, 14. Februar 2019. https://www.nursingtimes.net/news/workforce/whats-in-store-for-the-future-of-the-nursing-industry-in-australia-14-02-2019/

36. Initiative targets Swiss nursing shortage, 17. Januar 2017. https://www.swissinfo.ch/eng/growing-demand_initiative-targets-swiss-nursing-shortage/42861098

37. Occupational Outlook Handbook, Home Health and Personal Care Aides. https://www.bls.gov/ooh/healthcare/home-health-aides-and-personal-care-aides.htm

38. „Fact Sheet: Obesity", Research America, November 2019. https://asmbs.org/app/uploads/2021/07/Obesity-in-America-Fact-Sheet-2021.pdf

39. Dill, Janette & Hodges, Melissa (2019): Is healthcare the new manufacturing?: Industry, gender, and „good jobs" for low- and middle-skill workers, Social Science Research 84.

40. Nina Jerzy: „Diese Unternehmen mussten in der Corona-Krise Insolvenz anmelden", Capital, 25. Mai 2020. https://www.capital.de/wirtschaft-politik/diese-unternehmen-mussten-in-der-corona-krise-insolvenz-anmelden

41. Vaclav Smil: How The World Really Works, 2022.

42. Why health-care services are in chaos everywhere. Economist, 15. Januar 2023.

43. Siegfried Hofmann: „Die Pharmaindustrie steht nach dem Corona-Boom vor einer Wachstumsdelle", Handelsblatt, 04. Januar 2023. https://www. handelsblatt.com/unternehmen/industrie/serie-branchenausblick-die-pharmaindustrie-steht-nach-dem-corona-boom-vor-einer-wachstumsdelle/28903424.html
44. Ebd.
45. Novartis: Eine neue Ära der Medizin https://www.novartis.com/ch-de/medizin-neu-denken/therapiegebiete-technologieplattformen/eine-neue-aera-der-medizin

2

Internet der Gesundheit, Internet of Medical Things: Wie die Vernetzung unsere Vorstellung von Gesundheit verändert

Auch zu Beginn des Jahres 2023 gehören in Deutschland Gesundheit und Medizin zu den am wenigsten digitalisierten Sektoren unserer Gesellschaft. Dabei ließen sich doch sicherlich, so ist immer wieder zu hören, Milliarden einsparen, wenn die Vernetzung dieses ebenso komplexen wie systemrelevanten Gebietes gelänge. Nicht zuletzt durch den Siegeszug von Google, Apple und Microsoft seit den 2000er-Jahren wurde immer deutlicher, dass Gesundheit schon bald eine komplett neue Infrastruktur und ein neues Geschäftsmodell bekommen wird. In der digitalen Welt werden gerade die Kommunikationsstränge zwischen Patient*innen, Kliniken, Ärzt*innen, Apotheken, Pflegepersonal und Krankenversicherungen neu sortiert.

Drei Veränderungstreiber zeichnen sich ab:

1. Vorausgegangen sind bahnbrechende Veränderungen in der digitalen Welt, unter anderem bei mobilen Endgeräten (M-Health, Fitnessuhren), die es den Nutzern erlauben, eigenständig auf ihre Gesundheit zu achten.

2. Es folgten Veränderungen im Umgang mit Daten in der Forschung und Therapie (Stichwort Big Data, Predictive Analysis).
3. Durch weitere Meilensteine in Gentechnologie und Molekularmedizin werden sich außerdem Medikamente immer besser auf den individuellen Bedarf der Patient*innen abstimmen lassen (personalisierte Medizin).

Doch nach vor gilt (speziell im deutschen Gesundheitssystem): Man kann leidlich funktionierende Arztpraxen, Krankenhäuser, Pflegeeinrichtungen und engagierte Therapeuten beschäftigen und trotzdem ein insgesamt ineffizientes Gesundheitssystem betreiben, wenn die Akteure nicht aufeinander abgestimmt sind.

Best Practice Estland: Vernetzte Gesundheitsversorgung als Teil nationaler Identität

Der Fall des Eisernen Vorhangs stellte für Estland einen Nullpunkt, aber vor allem auch ein großes Freiheitsversprechen dar. Die Verwaltung des kleinen Landes im Baltikum nutzte das für die visionäre Konstruktion einer digitalen Gesundheitsversorgung. Engmaschige Vernetzung nimmt durch den Zugang zu Patient*innendaten durch Ärzt*innen, Forscher*innen und Pharmaunternehmen eine zentrale Stellung in der Gesundheitsversorgung ein. E-Rezepte inklusive Übertragung und Ausgabe der Medikamente gehören in Estland seit Jahren zum Alltag. Der Nutzungsgrad elektronischer Patient*innenakten ist in allen Versorgungssektoren hoch, da zwischen den Gesundheitsfachkräften bereits gewohnheitsmäßig Daten und keine Faxe oder Notizzettel ausgetauscht werden. Die Kommunikation mit Dritten (z. B. Analyst*innen, Forscher*innen, Universitäten) ist selbstverständlich und hat zur steten Modernisierung des Gesundheitssystems beigetragen. Die elektronischen Patient*innenakten werden automatisch ausgelesen und in landesweiten Datenbanken zur Verfügung gestellt. Entscheidende Voraussetzung dafür: Der Anteil strukturierter Daten in elektronischen Patient*innenakten ist maximal hoch; deutschlandweit ist bislang nicht einmal die Hälfte aller Gesundheitsdaten in codierter Form teilbar. Eine weitere Voraussetzung hierfür ist, dass die Besuchs- und Nutzerzahlen von öffentlichen Gesundheitsinformationsportalen mit personalisierten Inhalten sich auf einem hohen Niveau befinden. Im nationalen Rahmen ist das „Internet der Gesundheit" in Estland schon vor Jahrzehnten alltägliche Realität geworden.

Unser zukünftiges Gesundheitssystem braucht digitale vernetzte Infrastrukturen, die das komplexe Versorgungsnetz so verknüpfen,

- dass den Menschen effektiver und zeitnah geholfen werden kann,
- Prozesse in der Therapie und Pflege einfacher und menschlicher ablaufen und
- Gesundheit deutlich effizienter gemanagt wird.

Fakt ist natürlich auch, dass die (Kunden-)Patient*innen in der digitalen Welt neue Bedürfnisse gegenüber dem Gesundheitssystem entwickeln und „fachfremde" Technologiegiganten längst erkannt haben, dass auf dem Gesundheitsmarkt enormes Geld zu verdienen ist. Die altbewährten Akteure vom Hausarzt, der Apotheke um die Ecke über das Universitätsklinikum bis zum Pflegeheim setzt das gehörig unter Innovationsdruck.

Unbestritten ist deshalb, dass in der digitalen Welt die Rollen der Gesundheitsakteure neu verteilt werden.

Bei der Frage, was folglich zu tun ist, wird immer häufiger nach der digitalen Gesundheitskarte bzw. der elektronischen Patient*innenakte gerufen. Tatsächlich galt lange Zeit der Versuch, mit einem zentral gesteuerten digitalen Ansatz das hochkomplexe Gesundheitssystem neu auszurichten, als grandios gescheitert. Doch schließlich startete am 1. Januar 2021 die Einführung der elektronischen Gesundheitskarte.

In Österreich gehört digitale Gesundheitsversorgung längst zum Alltag

Vorbilder für die richtigen Schritte in eine digitale Gesundheitsversorgung in Deutschland gibt es genügend. Beispielsweise im Nachbarland Österreich. Bereits 2005 (!) erfolgte dort mit der E-Card der Startschuss zur digitalen Gesundheitsakte. 2013 kam mit einem entsprechenden Gesetz die Rechtsgrundlage für die Schaffung eines organisationsübergreifenden Informationssystems hinzu, in dem relevante medizinische Informationen patient*innenbezogen gebündelt und für die an einer Behandlung Beteiligten verfügbar gemacht werden [1].

Dazu werden in Österreich die Gesundheitsdaten von Patient*innen in stationären Einrichtungen wie Krankenhäusern, niedergelassenen Vertragsärzt*innen, Apotheken und Pflegeeinrichtungen verknüpft. Über das Informationssystem können Patient*innen ihre eigenen Gesundheitsdaten einsehen und Gesundheitsdienstleistern zur Verfügung stellen. Ärzt*innen und Krankenhäuser erhalten digitalen Zugriff auf Vorbefunde, Entlassungsberichte und die aktuelle Medikation eines Patienten bzw. einer Patientin. Die elektronische Gesundheitsakte Österreichs unterstützt damit sektorenübergreifend die medizinische, pflegerische und therapeutische Behandlung und Betreuung.

Was immer klarer wird: Es braucht ein groß angelegtes Netzwerk, eine digitale Plattform oder gar eine Meta-Plattform der Gesundheit, die den veränderten Bedürfnissen, Möglichkeiten und Effizienzanforderungen gerecht wird. Intelligente IT-Lösungen im Gesundheitsbereich müssen zwischen einer Vielzahl von Akteuren (Patient*in, Angehörige, Krankenhaus, Hausärzt*innen, Fachärzt*innen usw.) für einheitliche Datenstandards sorgen. Und nur auf einer solchen Basis, da sind sich die Expert*innen einig, kann die Behandlungsqualität verbessert werden und können die Effizienzgewinne der digitalen Gesundheitsversorgung gehoben werden.

Die Entwicklung eines Internets der Gesundheit sollte ferner dazu beitragen,

- medizinische Fehler zu reduzieren,
- eine bessere Dokumentation und Organisation der Akten zu ermöglichen,
- Ärzt*innen bei der Erstellung ihrer Behandlungsprotokolle zu helfen,
- Patient*innen Informationen bereitzustellen, die sie bei der Einhaltung von Medikamentenschemata und -terminen unterstützen.

Laut einem Bericht der Forschungsgruppe Cision wird der globale Markt der Datenverarbeitung auf dem Gesundheitssektor bis 2025 voraussichtlich mehr als 38 Mrd. US-Dollar einspielen. Insbesondere steigende staatliche Ausgaben und Finanzmittel für die Entwicklung von IT-Lösungen für das Gesundheitswesen zum besseren Verständnis von Diagnose- und Behandlungsmustern dürften zu dem gigantischen Wachstum beitragen.

Andere EU-Länder, insbesondere in Skandinavien, sind Deutschland bei der Digitalisierung der Gesundheit um Längen voraus. Im alljährlich erscheinenden „Digital Economy and Society Index" (DESI) der

EU-Kommission belegt die Bundesrepublik nur Platz 13 von 28 [2]. Auf den ersten Plätzen rangieren Schweden, Finnland, Estland und Dänemark. Dort tragen die Digitalisierungsmaßnahmen bereits Früchte, denn allen genannten Ländern gelingt es – trotz der Digital-Investitionen – ihren Anteil der Gesundheitsausgaben am Bruttoinlandsprodukt (BIP) unter dem deutschen Wert zu halten. Die Patient*innenversorgung verbessert sich, weil beispielsweise Fehl- und Doppelbehandlungen leichter erkannt und reduziert werden können.

Wie man es nicht machen sollte, zeigt demgegenüber das amerikanische Gesundheitssystem. Im Jahr 2018 wurden in den USA insgesamt 3,6 Billionen US-Dollar in die Gesundheitsversorgung gesteckt. Bei einer älter werdenden Bevölkerung und einer dramatischen Zunahme von chronischen Erkrankungen könnten die Kosten für die Gesundheitsversorgung bis 2027 auf astronomische sechs Billionen US-Dollar ansteigen. Abhilfe sollen digitale Infrastrukturen schaffen: Allein für die USA gehen Expert*innen davon aus, dass in den nächsten Jahren eine Billion US-Dollar an Effizienzmaßnahmen in ein Internet der Gesundheit investiert werden, die dann nicht zuletzt auch erfindungsreichen Gesundheits-Start-ups zugutekommen werden.

Digitale Gesundheit: Ein Zukunftsmarkt für viele Akteure
Digitale Pioniere haben sich auf dem Zukunftsmarkt bereits in Stellung gebracht. Sie kommen aus der Gesundheitsbranche, aber auch mit Software-Kompetenzen aus vielen anderen Gebieten. Jahrzehntelange Expertise bei Büro-Software und Datenverarbeitung macht für Microsoft den Sprung auf den Markt der digitalen Gesundheit zu einer Selbstverständlichkeit. Mit „Caisis" hat der Konzern ein webbasiertes Open-Source-System entwickelt, das auf kluge Weise Forschung und Patient*innenversorgung verknüpft. Als Framework macht „Caisis" es den Entwickler*innen leicht, durch Hinzufügen neuer Felder und Tabellen, Plug-in-Funktionen und neuer Module mit eigenständiger Funktionalität die Vernetzungsaktivität zu erweitern. Durch die Erfassung von Daten im Datenmodell von „Caisis" können große „saubere" Datensätze für die institutionenübergreifende Forschung erstellt werden.

„Emis" ist das Datengehirn des britischen Gesundheitssystems. Expert*innen gehen davon aus, dass mehr als die Hälfte der niedergelassenen

Ärzt*innen in Großbritannien Emis-Health-Software verwendet. Mit seinem Patient*innenzugangs-Service war Emis der erste Anbieter von klinischen Systemen, die es Patient*innen gestatten, Arzttermine online zu buchen und wiederholt Rezepte zu bestellen. Mit Emis können Patient*innen im Vereinigten Königreich selbstständig auf ihre Daten zugreifen. Castlight Health wiederum hat sich als digitale Hilfe im US-Gesundheitsdschungel bewährt. Das Unternehmen beschäftigt sich eigens mit der Behebung von Ineffizienzen im US-Gesundheitssystem. Das Unternehmen hat dafür eine Plattform entwickelt, die Mitarbeiter*innen von Unternehmen dabei hilft, bessere Gesundheitsentscheidungen zu treffen. In den USA wird bei 60 % der Bevölkerung die Gesundheitsversorgung durch den/die Arbeitgeber*in vermittelt. Castlight kombiniert deshalb Big-Data-Analysen, Software- und Servicemodelle sowie verbraucher*innenorientierte Web- und Mobilprodukte, um Verschwendung bei den Gesundheitsausgaben der Arbeitgeber*innen zuvorzukommen.

Die Software von Phreesia hat dazu beigetragen, dass in den USA die Zahl der abgelehnten Behandlungsansprüche und der unangenehmen Gespräche über Abrechnungsprobleme in den Front Offices der Ärzt*innen und Kliniken deutlich verringert werden konnte. Das Unternehmen begann 2005 damit, den Check-in-Prozess für medizinische Gruppen und Gesundheitssysteme in den USA zu automatisieren. Phreesia unterhält mittlerweile eine Plattform für Gesundheitsanbieter, die Aufgaben wie das schnelle Einchecken von Patient*innen übernehmen. Aktuell entwickelt Phreesia Software-Produkte für die Überprüfung von Versicherungsberechtigungen, Patient*innenumfragen, Terminbuchungen, Mahnungen, Abrechnungen und Zahlungsabwicklungen. Mit der Phreesia-App auf dem Handy können Patient*innen in den USA im Voraus bezahlen oder automatisierte Zahlungspläne für Dienste einrichten.

Die deutsche CompuGroup aus Koblenz hat in den vergangenen Jahren eine Plattform für die Vernetzung sämtlicher Beteiligten im Gesundheitswesen entwickelt. Mit eigenen Standorten und zahlreichen Kund*innen weltweit ist die CompuGroup das Digital-Health-Unternehmen mit einer der größten Reichweiten unter europäischen Leistungserbringern im Gesundheitsbereich. Zu den Produkten gehören Online-Informations-

Dienste, die einen sicheren Austausch medizinischer Daten sowie vollständig internetbasierte Abrechnungs- und Bürodienste für niedergelassene Ärzt*innen und Zahnärzt*innen ermöglichen.

Aktuell tummeln sich auf dem Markt der digitalen Gesundheitsinfrastruktur verschiedenste Akteure. Auf der einen Seite stehen kleinere Pioniere, die sich ausschließlich auf einzelne Digital-Health-Anwendungen oder nationale Märkte konzentrieren. Sie machen rund 30 % des Marktes aus. Auf der anderen Seite gibt es die bekannten Digitalriesen wie IBM, die Google-Mutter Alphabet oder den chinesischen Konzern Alibaba, die angesichts der Aussicht auf zweistellige Wachstumsraten ihr Geschäftsmodell und ihre Gewinnbasis in Richtung Gesundheit erweitern wollen. Darüber hinaus werden natürlich auch klassische Gesundheitsunternehmen wie Medizintechnikanbieter und Pharmaunternehmen, aber auch Finanzdienstleister und Versicherungsunternehmen in der Gesundheit künftig eine wichtige Rolle spielen.

An der Wall Street war vor allem das Jahr 2019 ein Jahr des Durchbruchs für digitale Gesundheitsunternehmen. Neben Phreesia (siehe unten) gibt es noch eine Handvoll anderer Unternehmen, die den Börsengang wagten – ein Zeichen für den anspringenden digitalen Gesundheitsmarkt. Change Healthcare, Ancestry.com, Health Catalyst und Livongo testen nach fast dreijähriger Ruhepause der IPO-Aktivitäten im Bereich der digitalen Gesundheit die Gewässer mit öffentlichen Angeboten. Und die Unternehmen sind keine Greenhorns: Abgesehen von Livongo, das 2014 gegründet wurde, sind alle Kandidaten seit über einem Jahrzehnt in Medizin und Gesundheit aktiv.

Aktuell glänzt die Digital-Health-Branche mit teilweise zweistelligen Wachstumsraten. Kleine und mittelgroße Unternehmen gelten dabei als besonders innovativ. Wo Gesundheit und IT aufeinandertreffen, entstehen neue Geschäftsmodelle, die versprechen, auf innovative Weise die Effizienz und Effektivität der Gesundheitssysteme endlich zu verbessern. Allein im deutschen Gesundheitssystem ließen sich mittels Digitalisierung rund 39 Mrd. € pro Jahr wirksamer einsetzen, wie eine Studie von PwC Strategy zeigt [3]. Keine Frage, von diesem Potenzial werden auch Anleger profitieren, die in Digital-Health-Unternehmen investieren.

Die Roadmap für den Start in die Ära des Internets of Medical Things
Wie wir gesehen haben, ist der Kampf um das zukünftige Internet der
Gesundheit längst im Gange. Fünf Trends werden die Entstehung dieses
neuen Zukunftsmarktes in den kommenden Jahren entscheidend beeinflussen:

- **Start-ups prägen die digitale Gesundheit:** Neue Konkurrenz entsteht auch durch Start-ups, die mit innovativen Ideen die etablierten
Unternehmen herausfordern. Aufgrund der positiven Marktaussicht
müssen sie sich keine großen Sorgen um die Finanzierung machen,
solange sie ein taugliches Geschäftsmodell vorweisen können. So hat
die Risikokapital-Finanzierung im Bereich der digitalen Gesundheit
im Jahr 2021 so etwas wie einen Post-Corona-Boom erlebt. Die
Investitionen schnellten gegenüber dem Vorjahr um sage und
schreibe 79 % nach oben auf insgesamt 57,2 Mrd. US-Dollar.
Erfreulich: Viele Impulse kommen aus Regionen außerhalb der
USA, die nur noch knapp ein Viertel der Top-150-Health-Start-ups
beheimaten [4].

- **Digitale Gesundheit schafft Jobs und prägt neue Berufsbilder:**
Die Digitalisierung wird auch die Attraktivität medizinischer Berufe
massiv verbessern, wenn es beispielsweise gelingt, die ärztliche
Dokumentation und viele aufwendige Verwaltungsprozesse intelli-
gent zu automatisieren. So bleibt am Ende mehr Zeit für die
Zuwendung zu den Patient*innen. Mit neuen digitalen Produkten
und Dienstleistungen werden in den nächsten zehn Jahren vor allem
aber auch rund 10.000 zusätzliche Arbeitsplätze entstehen, vor-
wiegend im High-Tech-Segment mit Fokus auf Informatiker, Data
Scientists und Ingenieure.

  Ein gutes Beispiel hierfür ist das Unternehmen Tabula Rasa. Das
US-Start-up entwickelt Softwaresysteme zur Erkennung und Vermeidung unerwünschter Neben- und Wechselwirkungen verschiedener
Medikamente. Imprivata hingegen ist ein junges Unternehmen, das auf
die Sicherheit von Patient*innendaten spezialisiert ist. Das Unternehmen wurde 2016 vom Private-Equity-Investor Thoma Bravo für
544 Mio. US-Dollar gekauft. Der Aktienkurs stieg bei Bekanntgabe des
Übernahmeangebots um 33 %. Im Folgejahr übernahm Imprivata das
Start-up Web MD, eine digitale Info-Plattform zu Gesundheitsthemen.

Dafür zahlte die Beteiligungsgesellschaft KKR 2,8 Mrd. US-Dollar – ein Aufschlag von 20 % auf den letzten gehandelten Kurs.

- **Ohne staatliche Investitionen in die Dateninfrastruktur geht es nicht:** Grundvoraussetzung für die Entwicklung eines Internets der Gesundheit ist das Vorhandensein einer Breitbandinfrastruktur, welche die IT-Sicherheit medizinischer Einrichtungen garantiert und die Modernisierung der IT-Infrastrukturen in Krankenhäusern und speziell auch auf dem ambulanten Sektor unterstützt. Vor allem in deutschen Krankenhäusern gibt es hier – bedingt durch die schwierige wirtschaftliche Situation – einen Investitionsstau, der den digitalen Aufbruch bremst. Im ambulanten Bereich sind Arztpraxen oftmals nicht in der Lage, notwendige Digitalisierungsinvestitionen zu tätigen. Ein digitalisiertes Gesundheitssystem lebt aber von der digitalen Vernetzung aus stationärer und ambulanter Versorgung und über verschiedene Fachärzt*innengruppen hinaus.

- **Gesundheit in der Cloud – Vorbild Niederlande:** Um die Digitalisierung weiter voranzubringen, hat die Regierung der Niederlande bereits im Jahr 2015 Investitionen im Umfang von rund 130 Mio. € bewilligt. Große Aufmerksamkeit genießen Anwendungen auf mobilen Endgeräten (M-Health). Einer Studie zufolge gehören die Niederlande europaweit zu den fünf Ländern mit den besten Marktbedingungen für Unternehmen aus dem Digital-Health-Sektor, nicht zuletzt wegen der gut entwickelten elektronischen Infrastruktur und der hohen Bereitschaft von Ärzt*innen, mit Apps und Software zu arbeiten. Krankenhäuser und Hausärzt*innen nutzen überwiegend elektronische Dossiers. Im Jahr 2020 sollen in den Niederlanden 80 % aller Daten im Gesundheitswesen über die Cloud transportiert werden.

- **Interoperabilität fördern:** Die in der Vergangenheit erfolgte Konzentration beim Einsatz von Informations- und Kommunikationstechnologien auf einzelne Einheiten oder Sektoren hat gerade in Deutschland nicht zu mehr Übersichtlichkeit, sondern zu einem regelrechten Systemchaos geführt. Dies hat zur Folge, dass in Arztpraxen, Krankenhäusern, Apotheken und Rehabilitationskliniken vorliegende Informationen oft nur mit erheblichem Aufwand elektronisch übermittelt und weiterverarbeitet werden können. Den Markt der digitalen Gesundheit wird in den kommenden Jahren jedoch derjenige gewinnen, der einheitliche und transparente Strukturen einziehen kann.

Best Practice Pionierplattform „Health Suite" unter anderem für mehr Therapietreue

Mit seiner digitalen Gesundheitsplattform „Health Suite" spielt Philips eine Vorreiterrolle beim Aufbau des Internets der Gesundheit. Die „Health Suite" [5] fasst Patient*innendaten aus Geräten (egal, ob zu Hause oder in der Klinik) in einer Cloud zusammen und stellt sie herstellerübergreifend zur Verfügung. Von dieser Möglichkeit macht etwa Ypsomed Gebrauch, ein Unternehmen, das sich auf Injektionssysteme zur Selbstmedikation spezialisiert hat. Durch die Integration der intelligenten Injektionssysteme in die Philips „Health Suite" ist Ypsomed in der Lage, digitale Dienstleistungen zur Überwachung der Therapietreue zu entwickeln und seinen Kund*innen (den pharmazeutischen Unternehmen) zur Verfügung zu stellen. Darüber hinaus ermöglicht es die „Health Suite" pharmazeutischen Unternehmen, Injektionsdaten mit Daten aus weiteren Quellen zu integrieren und für die Entwicklung neuer digitaler Dienstleistungen zu nutzen.

Google/Alphabet: Fokus auf Patient*innendaten für künstliche Intelligenz

Google ist beim Internet der Gesundheit ganz vorne mit dabei. Google/Alphabet arbeitet mit Ascension an Lösungen, um mittels künstlicher Intelligenz elektronische Gesundheitsakten automatisiert zu verarbeiten und Krankheiten dadurch früher identifizieren zu können. Um die dafür benötigten Algorithmen zu trainieren, sammelt der Suchmaschinenkonzern Unmengen an Daten. Aber auch hier lässt Google/Alphabet die Datenschützer aufhorchen: Wie das Wall Street Journal berichtet, hat der Internetkonzern in den USA die Gesundheitsdaten von Millionen von Patient*innen gesammelt und verarbeitet. Die Daten-Analytics-Plattform für Marketing & E-Commerce wurde von der US-Gesundheitsorganisation Ascension bereitgestellt – weder die betroffenen Patient*innen noch die behandelnden Ärzt*innen erteilten für die Weitergabe ihr Einverständnis. Diese Informationen lieferte Ascension im Rahmen der Partnerschaft. Google/Alphabet hat darüber hinaus im Jahr 2021 mit dem Zukauf des Fitness-Uhrenherstellers Fitbit für Schlagzeilen gesorgt. Der Zukauf sichert dem Konzern nicht nur den Zugang zu Hardware-Entwicklungen aus dem Hause Fitbit, natürlich sind auch die Gesundheitsdaten der Nutzer*innen (und die Marktmacht von Fitbit) von zentralem Interesse. Zwar versicherte Google/Alphabet, die Daten von Fitbit nicht für die Platzierung von Anzeigen zu verwenden, eine strikte Trennung der Daten hin zum Mutterkonzern wird aber keineswegs garantiert.

Best Practice: Die Apple-Watch als Werkzeug für die Forschung der Zukunft

Das Geschäft mit Healthcare- und Fitness-Diensten liegt seit Jahren im Trend. Neben Google ist auch Apple mit seiner smarten Armbanduhr längst einer der führenden Player am Markt. Die Diagnose-Features der Apple Watch, die unter anderem mittels EKG die Vitalfunktionen der Träger*innen prüfen und aufzeichnen kann, zählen zu den größten Verkaufsargumenten überhaupt. Doch das Unternehmen aus Cupertino peilt den Gesundheitsmarkt längst auch noch aus einer grundsätzlicheren Richtung an. Ende des vergangenen Jahres teilte Apple mit, dass es sich gleich an drei medizinischen Studien beteiligt, die unter anderem in Kooperation mit der renommierten Stanford University entstehen. Zwischen 2014 und 2018 stieg die Nutzung der US-Bürger*innen von Wearables (unter anderem die Apple Watch) von neun Prozent auf 33 % im Jahr 2018. Apple fragt die Nutzer*innen, ob sie ihre Daten der medizinischen Forschung zur Verfügung stellen, die Nutzer*innen tun das offensichtlich gerne und die Medizinforschung frohlockt: An der Apple-Herzstudie nahmen 400.000 Personen teil, eine enorm hohe Teilnehmerzahl, die präzise Ergebnisse verspricht.

Learnings

- **Digital zu den neuen Bedürfnissen der Menschen:** Wie wir sehen, ist die Arbeit an den technischen Voraussetzungen des Internets der Gesundheit in vollem Gange. Der Megatrend Digitalisierung führt gerade auf dem Gesundheitssektor dazu, dass die Kund*innen respektive die Patient*innen völlig neue Bedürfnisse entwickeln. Das stellt insbesondere für die etablierten Akteure eine bisher ungekannte Herausforderung dar – eröffnet jedoch auch die Chance, anhand von neuen Geschäftsmodellen Gesundheitsdienstleistungen und Medizin auf eine neue Ebene der Patient*innennähe und der betrieblichen Effizienz zu heben.
- **Die Digitalisierung der Gesundheit braucht ein aktives Management der Regeln und Bestimmungen:** 2019 hat Apple-Chef Tim Cook die Gesundheits- und Medizinbranche zu *der* zukünftigen Schlüsselbranche für sein Unternehmen erklärt [6]. In den kommenden Jahren wird es darauf ankommen, dass von der Politik klare Vorgaben für die Digitalisierung der Gesundheit gemacht werden. Erst dann kann in Deutschland wie auch in anderen Ländern die Vision eines leistungsfähigen Internets der Gesundheit umgesetzt werden.

- **Das Rennen um die Startplätze bei der Digitalisierung der Gesundheit wird bis 2025 entschieden:** Lassen sich die digitalen Potenziale jetzt nicht heben, werden die Kosten in der Pflege und im gesamten Gesundheitssystem der nächsten Jahre massiv ansteigen und das Jahrhundertthema künstliche Intelligenz hat auf den Gesundheitsmärkten der Welt gerade erst einmal Tritt gefasst. Die Spielregeln und die Rollen für den Gesundheitsmarkt der Zukunft werden bis 2024/2025 neu geschrieben. Zukunft passiert. Bis 2024 entscheidet sich, was es für die etablierten Gesundheitsdienstleister zu gewinnen gibt – oder ob Apple und Co. das Rennen unter sich ausmachen.

Literatur

1. https://www.ots.at/presseaussendung/OTS_20130805_OTS0041/neues-e-card-service-einsicht-auf-persoenliche-daten-im-e-card-system-mit-buergerkarte-oder-handysignatur-moeglich
2. https://digital-strategy.ec.europa.eu/en/policies/desi-germany
3. Rebekka Höhl: „39 Milliarden Euro Einsparung durch E-Health?", Ärztezeitung, 26. April 2017.
4. The Digital Health 150: The most promising digital health companies of 2022, CB Insights, 7. Dezember 2022. https://www.cbinsights.com/research/report/digital-health-startups-redefining-healthcare-2022/
5. https://www.philips.de/healthcare/innovation-wissen/healthsuite/device-cloud
6. Lizzy Gurdus: „Tim Cook: Apple's greatest contribution will be ‚about health'", CNBC, 8. Januar 2019. https://www.cnbc.com/2019/01/08/tim-cook-teases-new-apple-services-tied-to-health-care.html

3

mRNA – die Informationsrevolution in unserem Körper: Wie aus einer fast vergessenen Technologie der Retter in der Corona-Not wurde

Es wird wieder passieren. Die Corona-Pandemie der Jahre 2020-2022 wird kein singuläres Ereignis bleiben. Corona war kein singuläres Ereignis. In den vergangenen hundert Jahren suchten vor der Corona-Pandemie insgesamt vier weltweite Seuchen die Menschheit heim. Weitgehend bekannt ist, dass von 1918 bis 1920 bei der Spanischen Grippe laut Weltgesundheitsorganisation (WHO) zwischen 20 und 50 Mio. Menschen starben. Weniger bekannt ist, dass zwischen 1957 und 1958 weltweit eine bis zwei Millionen Menschen an der asiatischen Grippe starben. Die Hongkong-Grippe zwischen 1968 und 1970 forderte noch einmal so viele Menschenleben. Die Schweinegrippe in den Jahren 2009 und 2010 brachte für 284.000 Menschen den Tod [1]. Es ist damit zu rechnen, dass sich in den kommenden Jahrzehnten Pandemien in ähnlicher Regelmäßigkeit einstellen werden.

Die spannende Frage lautet: Wie kann es gelingen, gegen die nächste Pandemie vorzubeugen? Der Gamechanger bei Corona war die Entwicklung eines Impfstoffs, der ab Dezember 2020 international eingesetzt werden konnte. Es stellt sich die Frage, ob die Corona-Pandemie womöglich der *Tipping Point* einer neuen Ära der Gesundheit ist. Lassen sich durch den mRNA-Impfstoff womöglich künftige Pandemie verhindern? Mediziner gehen seit Jahrzehnten mit Viren auf unterschiedliche Weise um. Im Labor können sie das Virus töten oder in Stücke teilen und so dem Körper wieder zuführen. Die älteste und bislang bewährteste Methode besteht darin, das Virus zu schwächen und dann in den Körper eines Erkrankten zu injizieren. Die Wirkstoffherstellung auf Basis von mRNA funktioniert dagegen weniger intuitiv.

Am Tag, nachdem die Sars-CoV2-Sequenz von einem Konsortium aus Shanghai online publiziert wurde, begannen mehrere Forscher*innen im Labor mit dem Design eines mRNA-Moleküls, das Covid bekämpft, und nur 42 Tage später wurde der Impfstoff erstmals einem Menschen verabreicht [2]. Die atemberaubende Geschwindigkeit dieses Prozesses hat alles vorher Dagewesene an medizinischer Innovationsfähigkeit in den Schatten gestellt. Die Not war groß. Und es dauerte nur einige Wochen.

mRNA-Impfstoffe programmieren eine körpereigene Informationsrevolution

Aber was ist mRNA oder messengerRNA eigentlich? mRNA ist eine medizinische Revolution. Hier ist der Begriff der Disruption tatsächlich angemessen. Impfstoffe aus der mRNA sind – der Digitalisierung unseres Alltags nicht unähnlich – eine Informationsrevolution in unserem Körper. In der DNA (Desoxyribonukleinsäure) und RNA (Ribonukleinsäure) befinden sich unsere Erbinformationen. Damit unsere DNA tagtäglich jedoch die Proteine herstellen kann, ohne die der menschliche Körper nicht überlebensfähig ist, brauchen wir die fleißigen Botengänger der mRNA. In dem Moment, wo der Autor dieses Buches diese Zeilen schreibt, verfügt sein Körper, verfügen alle menschlichen Lebewesen über mehr als 350.000 Kopien von mRNA in jeder einzelnen Körperzelle. DNA produziert mRNA – mRNA produziert Proteine – ohne Proteine würde die Reproduktion menschlichen Lebens nicht stattfinden.

Ribonukleinsäuren (RNA) sind also vor allem wichtige Informations- und Funktionsträger einer Körperzelle. Die mRNA enthält und transportiert die Erbinformation der DNA, was den Vorteil hat, dass die DNA nicht transportiert werden muss und dabei nicht beschädigt werden kann. Wir wissen schon länger, dass sich Zellen durch Proteine (Eiweiße) verändern. In der mRNA jedes Menschen befinden sich Baupläne, die einen wesentlichen Teil der Erbinformation enthalten. Durch den mRNA-Impfstoff produzieren Zellen nach den Vorgaben der mRNA immunwirksame Proteine. Diese werden mittels der mRNA-Moleküle in den Körper eingeschleust. Dabei werden die eigenen Zellen als Rezeptoren „angesprochen", die dem Organismus die Bauanleitung dafür liefern, das eigene Immunsystem zu einem Medikament zur Bekämpfung des Virus „umzunutzen".

Um das praktische Botenmolekül mRNA beispielsweise zur Bekämpfung eines Virus loszuschicken – auch das kennen wir aus der Informationstheorie –, müssen Forscher*innen im Labor zuerst die Funktionen und die Sprache, quasi das Alphabet der mRNA entschlüsseln. Und sie müssen – zweitens – die Sprache anwenden und die mRNA muss die Anordnungen unseres Körpers verstehen, sodass – drittens – die richtigen Botschaften in die menschlichen Zellen eingeschleust werden können.

Die „Schönheit" oder Eleganz der mRNA-Disruption, so bezeichnen es einige Fachleute, besteht also darin, dass im Grunde kein „fremder" Wirkstoff von außen in die Zellen transportiert wird, sondern die Zellen selbst zu einer heilenden Produktionsstätte, zu einem wirksamen Medikament umfunktioniert werden. Bei der Corona-Impfung wurde mittels der gespritzten mRNA also eigentlich nur ein hilfreiches Protein in den Körper eingeschleust. Dieses Protein kontaktiert das Immunsystem und beginnt, als Antigen zu wirken. In der Folge können dadurch unterschiedliche Immunantworten ausgelöst werden.

Das mRNA-Kommunikationssystem, das 2020 in wenigen Wochen die globale Virusbekämpfung revolutioniert hat, kann aber noch viel mehr. Es ist eine hochflexible Matrix und lässt sich von Forscher*innen für unterschiedliche Aufgaben programmieren, beispielsweise in der Krebstherapie, aber auch für Influenzaimpfstoffe oder für die Entwicklung von Tollwutimpfstoffen.

Aber bleiben wir zunächst auf dem Boden der Tatsachen. Um die wichtigsten Grundbestandteile der schließlich bahnbrechenden mRNA-Technologie zu entwickeln, dauerte es rund 30 Jahre. Dass die Methode in der Anwendung für das Corona-Virus so gut funktionierte und innerhalb weniger Tage einen Wirkstoffkandidaten mit 90-prozentiger Wirksamkeit hervorbrachte, ist nicht zuletzt ein beeindruckender Beweis für die Leistungsfähigkeit der global vernetzten Medizin. Jetzt, während des globalen Notstands der Pandemie, nach vielen Enttäuschungen und Verzögerungen, zeichnet sich ab, dass über die Disruption der mRNA ein neues Gesundheitszeitalter eingeläutet werden könnte.

Die mRNA-Disruption könnte als medizinische Matrix beziehungsweise als molekularbiologische Plattform den medizinischen Fortschritt der kommenden 30 Jahre prägen. Trotzdem bleibt auch diese Forschung ergebnisoffen und ist keineswegs allwissend und in sich abgeschlossen (was Wissenschaft ohnehin ja erst ihre innovative Kraft verleiht). Ein kleines Beispiel hierfür: Was selbst bei der Herstellung und Nutzung des Corona-Impfstoffs im Jahr 2020 noch nicht bekannt war, ist, dass unser Immunsystem erst nach insgesamt drei Kontakten zum viralen Spike-Protein des SARS-CoV-2-Erregers eine wirklich hochwertige Antikörper-Antwort entwickelt. Zu Beginn der Impfkampagne im Dezember 2020 waren solche und viele andere Erkenntnisse schlicht noch nicht vorhanden, weil der Impfstoff brandneu war und die Not groß. Die Erkenntnis mit den drei Proteinen ging erst im Februar 2022 aus einer Studie der Universität München hervor [3]. Weitere Erkenntnisse über den Impfstoff, der Studien zufolge allein im ersten Corona-Jahr 20 Mio. Menschen das Leben rettete, werden mittlerweile täglich produziert [4].

Die Ära der personalisierten Medizin beginnt: Krebs wird mithilfe von mRNA bekämpft

Die wissenschaftlichen Grundlagen für die medizinische mRNA-Matrix wurden vor 60 Jahren durch die Entdeckung der Funktion der mRNA gelegt. Doch erst gegen Ende der 2000er-Jahre folgten weitere Durchbrüche, die das Potenzial der mRNA für die Medizin der Zukunft erkennbar machten. mRNA ist eine Cinderella-Story: Bis dahin war mRNA als Instrument eher ein Ladenhüter; lange Jahre vertraute die *Scientific Community* dem Verfahren kaum, zu unzuverlässig sei das Verfahren, viele Forscher*innen wendeten sich ab, andere Forschungstrends erschienen Erfolg versprechender.

Die aus heutiger Sicht so bahnbrechende Weiterentwicklung der mRNA-These fand also abseits des medizinischen Mainstreams und der großen Fördertöpfe statt. Die ungarische Forscherin Katalin Karikó hat entscheidende Grundlagen für die mRNA-Forschung geliefert. Um daran weiterarbeiten zu können, verließ Karikó 1985 Ungarn und wanderte in die USA aus. Doch auch hier konnte sie sich jahrzehntelang mit der mRNA-Idee kaum etablieren. Der Durchbruch stellte sich indes doch noch ein, als ihr 1998 zusammen mit dem Immunologen Drew Weissman an der Pennsylvania University entscheidende Schritte zur Entwicklung der mRNA-Technologie gelangen. Zusammen mit Weissman gründete sie ein Unternehmen, dem Karikó schließlich als Geschäftsführerin vorstand. Doch erneut scheiterte eine konkrete Medikamentenentwicklung. Das von den beiden entwickelte Patent auf die Technologie wurde von der Universität verkauft. Karikós Stelle als Research Assistant Professor wurde nicht verlängert und sie musste sich auf eine befristete Postdoc-Stelle zurückstufen lassen.

Doch die mRNA-Idee lebte weiter. Robert Malone zählte zu den ersten (und wenigen), die an die therapeutischen Möglichkeiten von mRNA glaubten. Malone erbrachte bereits 1987 den Beweis, dass menschliche Zellen ein Gemisch aus Fett-Tröpfchen und mRNA aufnehmen und Eiweiße nach einem eingeschleusten Bauplan bilden. „Es ist eventuell möglich, RNA als Medikament einzusetzen", so Malone damals. Auf seiner Website bezeichnet sich der US-Amerikaner nach wie vor als Erfinder der RNA-Impfstoffe. Zu Beginn der Pandemie verspielte Malone seinen Ruf, als er lautstark die Corona-Impfstoffe infrage stellte, denen er einst den Weg ebnete. Seitdem verbreitet Malone krude Behauptungen zur Pandemie, sodass mehrere soziale Medien seine persönlichen Konten sperrten [5].

Nach unzähligen gescheiterten Forschungsanträgen, unverbindlichen Zeitverträgen und mehreren überstandenen Krebserkrankungen musste Katalin Karikó schließlich ihre Labore in den USA verlassen. Doch die mRNA-These zirkulierte in der US-Forschung weiter. Unter anderem Derrick Rossi von der Harvard University griff die Technologie auf und entwickelte sie weiter. 2010 gründete er mit Kollegen die Firma Moderna, deren Covid-Impfstoff am 18. Dezember 2020 in den USA als weltweit erster Covid-Impfstoff eine Notzulassung erhielt (der Impfstoff von Biontech und Pfizer wurde in Europa drei Tage später zugelassen).

Das Happy End: In Deutschland wurden zu Beginn der 2010er-Jahre schließlich die Gründer von Biontech, Uğur Şahin und Özlem Türeci, auf Karikó aufmerksam und verschafften ihr eine Stelle. Zwischen 2013 und 2022 war sie Senior Vice President bei Biontech und trug entscheidend zur Entwicklung des Corona-Impfstoffs bei. Karikós Arbeit ist das Ergebnis von vielen Zufällen und Unzulänglichkeiten – nicht, was ihre exzellente Forschung betrifft, sondern bezüglich der fragwürdigen Förderungs- und Finanzierungspraxis der Universitäten. Eine bittersüße Ironie, dass im Jahr 2020 auf Grundlage ihrer Forschungen in kürzester Zeit ein Corona-Impfstoff entwickelt werden konnte. Karikó gilt als aussichtsreiche Kandidatin für den Medizin-Nobelpreis.

Die Krebsmedizin vollzieht gerade einen disruptiven Wandel

Der Bedarf an neuen Krebswirkstoffen ist riesig. Einer jüngst veröffentlichten Studie der Washington University zufolge stieg die Zahl der weltweiten Neuerkrankungen von 2010 bis 2019 um gut ein Viertel auf fast 24 Mio., die Zahl der Todesfälle nahm um rund 20 % auf zehn Millionen zu [6]. Die Marktforscher*innen von Iqvia prognostizieren bis 2026 einen weltweiten Umsatzanstieg im Onkologiemarkt auf 307 Mrd. Dollar [7].

Ist mRNA also tatsächlich auch die Lösung in der Bekämpfung des Krebses? Künftig soll die Impfung mit messenger-RNA (mRNA) das körpereigene Immunsystem in die Lage versetzen, übrig gebliebene Tumorzellen selbst besser zu bekämpfen – individuell, schnell und mit wenig Nebenwirkungen. Der Krebsimpfstoff basiert auf der gleichen Technologieplattform wie die mRNA-Impfstoffe gegen Sars-CoV-2. Für Biontech-Mitgründer Şahin ist der Covid-Wirkstoff tatsächlich erst der Anfang. „In 15 Jahren wird ein Drittel aller neu zugelassenen Arzneimittel auf der mRNA-Technik basieren", prognostizierte der Biontech-Firmenchef [8].

Biontech-Gründer Şahin ist weit davon entfernt, sein Unternehmen nur als Impfstoffhersteller zu sehen, wenn er feststellt: „Biontech möchte das Powerhouse für Immuntherapien des 21. Jahrhunderts werden." Neben prophylaktischen Impfstoffen gegen Infektionskrankheiten rückt der ursprüngliche Fokus des Unternehmens, nämlich Krebs zu heilen, ab sofort wieder stärker ins Zentrum. Formuliertes Ziel ist es, eine auf den Krebs zugeschnittene individualisierte Therapie zu entwickeln. Offenbar ist Biontech auf dem besten Weg dorthin. Darüber hinaus sieht sich Biontech jedoch nicht nur als mRNA-Projekt. mRNA ist nur eine von vier Wirkstoffklassen, an denen die Biontech-Entwickler aktuell arbeiten.

Biontech hat im Herbst 2021 eine Phase-2-Studie mit einem Krebsmedikament auf mRNA-Basis gestartet. Der Impfstoff „BNT 22" wird an 220 an Darmkrebs erkrankten Patient*innen in Nordamerika und Europa erprobt. Geht alles gut, könnte damit in zwei Jahren eine taugliche, in gewisser Weise personalisierte Krebsimpfung vorliegen – für Darmkrebs und auf einen spezifischen Patient*innenkreis zugeschnitten. Ebenfalls im Herbst 2021 hat die US-Arzneimittelbehörde FDA dem Biontech-Immuntherapie-Kandidaten BNT111 den sogenannten Fast-Track-Status erteilt. Die Substanz wird derzeit in einer Phase-2-Studie bei Patient*innen mit fortgeschrittenem Melanom untersucht.

Im Herbst 2022 brachte das Mainzer Unternehmen allein im Onkologiebereich drei neue Produktkandidaten in klinische Studien. Dazu gehören zwei mRNA-Produkte gegen Lungenkrebs und andere Tumore sowie ein Antikörper (Protein, das das Immunsystem unterstützt), den Biontech in Kooperation mit der dänischen Firma Genmab gegen mehrere Krebsarten testen möchte. Insgesamt umfasst das Krebsforschungsprogramm von Biontech inzwischen 19 potenzielle Wirkstoffe, die in 24 klinischen Studien geprüft werden. Die Onkologie-Pipeline von Biontech ist damit deutlich umfangreicher als diejenige etablierter Pharmakonzerne wie Bayer, Boehringer oder Merck.

Jahrzehntelang basierte die systemische Krebstherapie bösartiger Tumore fast ausschließlich auf der Chemotherapie. Hierbei kommen vor allem zytotoxische Substanzen zum Einsatz, die, einer Schrotflinte gleich, relativ unspezifisch die Zellteilung angreifen und so das Tumorwachstum hemmen. Die damit verbundenen Nebenwirkungen, insbesondere auf die Blutbildung und das Immunsystem der Patient*innen, sind noch immer erheblich. Nach wie vor sterben jährlich Hunderttausende Menschen an den Nebenwirkungen der Chemotherapie. Die Therapien kommen häufig zu spät, verspätete und falsche Diagnosen („falscher Krebs") kommen hinzu; häufig sind die metabolischen Eigenheiten der Patient*innen (Über- oder Unterdosierung) nicht greifbar und zu wenige Parameter der Erkrankung (Subtypen) sind analysierbar.

Seit rund zwei Jahrzehnten findet ein grundlegender Wandel statt. Dieser wird einerseits von „zielgerichteten Substanzen" und andererseits von „immunologisch wirksamen Substanzen" geprägt. Auch werden durch die Modifikation patient*inneneigener Immunzellen zunehmend Erfolge in der Therapie von Lymphomen, Leukämien und Karzinomen erzielt. Bei der Aufarbeitung zahlreicher Tumorarten kommen zumindest einige präzisionsmedizinische Methoden mittlerweile schon routine-mäßig zum Einsatz, insbesondere bei Brust-, Eierstock-, Darm-, Schild-drüsen-, Kopf-Hals- und Lungenkrebs, malignen Melanomen und Leu-kämien. Bei Gehirntumoren wird die Mehrzahl der Befunde nicht nur morphologisch, sondern zusätzlich mittels Genanalysen erstellt.

Ebenso erlebt auch die therapeutische Krebsimpfung derzeit eine Re-naissance [9]. Fortschritte in der Arbeit mit sogenannten Checkpoint-Inhibitoren gestatten es, eine Impfung gegen die Antigene eines indivi-duellen Tumors (also eine Personalisierung der Wirkstoffe!) einzusetzen. Checkpoint-Inhibitoren sind Antikörper, die gezielt eine Bremse der Immunzellen lösen, die diese an der Tumorbekämpfung hindert. Diese Moleküle unterbinden das Andocken der Krebszellen an die Checkpoints der Immunzellen, indem sie die Verbindungsstelle zwischen Krebszelle und Checkpoint blockieren. Aber auch hier sei vor Euphorie gewarnt: Nebenwirkungen sind nach wie vor nicht auszuschließen. So ist gut be-legt, dass die Behandlung in 20 bis 30 % der Fälle mit schweren Neben-wirkungen einhergeht.

Zukunft passiert. Unbestritten ist längst, dass der nächste Markstein des medizinischen Fortschritts die Zellbiologie sein wird und daraus ab-geleitete Gentherapien, die die Bekämpfung von Krebs, seltenen Er-krankungen und neurologische Defekten ins Visier nehmen, so be-schreibt auch Biontech-Chef Şahin das Programm der zukünftigen Me-dizin, deren Zeitalter indes schon begonnen hat. Mit der mRNA ist es möglich, grundsätzlich jede Krankheit – auch viele tödliche Krebs-erkrankungen – effektiver als über den Weg der teuren und von starken Nebenwirkungen geprägten Chemotherapie zu behandeln.

mRNA spielt in der Krebsmedizin erst ihre große Stärke aus
Wir werden schon im Jahr 2024 also möglicherweise den zweiten großen Auftritt der mRNA-Therapie-Plattformen erleben. Das Verfahren sieht jedoch deutlich anders aus. Prof. Dr. Niels Halama, Leiter der Abteilung

Translationale Immuntherapie am Deutschen Krebsforschungszentrum in Heidelberg (DKFZ), erläutert das so: „Im Vergleich zu einer herkömmlichen Impfung wird beim mRNA-Impfstoff der Prozess umgekehrt: Die ‚fremde' Struktur, die das Immunsystem erkennen soll, wird nicht mehr im Labor produziert, sondern der Körper produziert sie selbst. Die geimpfte mRNA liefert dafür den Bauplan. Bei der Corona-Impfung stellen die Zellen also ein Protein her, das auch auf der Oberfläche des Virus sitzt. Bei einer Impfung gegen Krebs wird der Bauplan für ein Protein gespritzt, das für den Tumor spezifisch ist. Dazu wird zunächst das Erbgut der Tumorzellen analysiert und nach Merkmalen gesucht, durch die sie sich von gesunden Zellen der Patient*innen unterscheiden." [10]

Der mRNA-Impfstoff liefert dem Körper den Bauplan für Antigene (körperfremde Stoffe). Bei der Krebs-Impfung wird das Immunsystem gegen Zellen des Tumors trainiert. Dafür werden zuerst Tumorzellen genau charakterisiert, zum Beispiel hinsichtlich ihrer Oberflächeneigenschaften. Die zugrunde liegende Erbinformation dieser Eigenschaften wird identifiziert. Bei der Corona-Impfung sind die relevanten Oberflächeneigenschaften die Spike-Proteine; bei der Krebs-Impfung sind es ebenfalls Oberflächenproteine. Die Erbinformation dieser Proteine wird als mRNA in eine Lipidhülle, also eine Art künstlicher Fetttröpfchen, verpackt und dem Betroffenen verabreicht.

Halama ist es wichtig zu betonen, dass der mRNA-Impfstoff bei Corona seine Stärke eigentlich noch gar nicht ausgespielt hat. Denn die liegt eigentlich darin, dass sich der geimpfte Bauplan (die Sequenz der mRNA) ganz individuell programmieren lässt. Technisch ist das mittlerweile spielend einfach umsetzbar und es gestattet den Herstellern, mit Höchstgeschwindigkeit einen personalisierten Krebsimpfstoff zu produzieren, der passgenau auf die Merkmale eines spezifischen Tumors reagiert. Es sind dann nicht mehr Monate oder Jahre, bis eine gezielte Therapie zum Einsatz kommt, sondern Wochen.

Ein großer Vorteil dieser Strategie ist, dass die Ärzt*innen die Therapie präzise auf die Patient*innen und ihre Diagnose zuschneiden können (personalisierte Medizin), statt Präparate mit beschränkter Wirksamkeit verwenden zu müssen, die für möglichst viele Krebsarten funktionieren (Prinzip der Schrotflinte).

Theoretisch könnten einige Patient*innen durch die Krebsimpfung mittelfristig also völlig von Tumorzellen befreit und geheilt werden. Noch sind aber unter anderem folgende Fragen zu klären:

- **Was ist das Ziel der Impfung?** Braucht es nur eine Impfung gegen den zentralen Tumor oder mehrere gegen verschiedene Metastasen, die sich auf Zellebene vom Originaltumor unterscheiden?

- **Reicht die Impfung alleine aus?** Kann die Impfung allein den Körper in die Lage versetzen, den Tumor zu bekämpfen, oder soll sie die klassische Chemotherapie begleiten?

- **Status der Patient*innen:** Wie fit muss überhaupt das Immunsystem der Patient*innen sein, damit die Therapien anschlagen?

Schon jetzt werden Krebs-Impfstoffe individuell nach den biologischen Merkmalen des Tumors „designt". War es beim Coronavirus noch so, dass ein mRNA-Wirkstoff entwickelt wurde, der jedoch nicht gegen alle bisher kursierenden Virus-Mutationen gleich gut wirkte, werden bei der mRNA-Krebsimpfung individuelle Patient*innen-Gruppen ansteuerbar. Das ist noch immer nicht das absolut personalisierte Medikament. Doch obwohl sich die Tumorzellen von Tumorart zu Tumorart und von Mensch zu Mensch mithin deutlich unterscheiden, gibt es auch Veränderungen an der Oberfläche von Tumorzellen, die häufig sind und viele Patient*innen betreffen.

Damit sollte es in einigen Jahren möglich werden, eine Werkzeugkiste für jeden Krebsfall, auch für seltene Fälle, Gruppen und Untergruppen, zur Verfügung zu stellen. Klinische Studien müssen in nächster Zeit herausfinden, für welche Patient*innen die Impfung einen Vorteil bringt und für welche nicht. Die Forscher*innen des DKFZ gehen davon aus, dass das noch einige Jahre in Anspruch nehmen wird. Wichtiger noch: Auch diese Krebsimpfung ist noch immer nicht die Wunderwaffe, mit der sich sofort alle Arten von Krebs bekämpfen lässt.

Learnings

- **(Medizinischer) Fortschritt ist möglich und nötig**
  Eine Medikamente-Revolution, die sich auf die Logik der messengerRNA stützt, zeigt, dass Fortschritt im 21. Jahrhundert weiterhin möglich und nötig ist. Biologisch-medizinische Grundlagenforschung ist ohne erheblichen Technologieeinsatz und den Megatrend Digitalisierung nicht mehr denkbar. Die unverzichtbaren Infrastrukturen dafür müssen „geduldige" staatliche Forschungsprogramme und mutige Investor*innen liefern. Unternehmerische Entschlossenheit kann auch im 21. Jahrhundert mit Innovationen von heute auf morgen das Leben von uns allen verändern.

- **Der Covid-Impfstoff ist die Vertrauensdividende für internationale Forschungsnetzwerke**
  Die bizarre Historie der mRNA-Revolution liefert ein eindrückliches Beispiel dafür, dass Innovationen häufig nicht programmierbar sind und mitunter von kontingenten Ereignissen abhängig sind. Die Entwicklung eines rettenden Impfstoffes in mehr oder weniger sechs Wochen zeigt jedoch auch, dass wissenschaftliche Netzwerke und globale Infrastrukturen der Kooperation in pandemischen Ausnahmesituationen funktionieren.

- **Personalisierte Medizin ist seit der mRNA-Revolution kein Phantasma mehr, sondern eine umsetzbare Vision**
  Personalisierte Medizin oder *precision medicine* wird mit dem Durchbruch der mRNA-Technologie tatsächlich umsetzbar. Das heißt nicht, dass es künftig individuelle Krebstherapien für jeden Einzelnen gibt. Doch der Weg hin zu Wirkstoffen, die zielsicher individuelle Erkrankungen ansteuern, ist damit geebnet. Neben der Chemotherapie entsteht damit eine vielfältige Palette an Behandlungswegen gegen den tödlichen Krebs.

Literatur

1. Statista: Epidemien und Pandemien, Stand 28. November 2022. https://de.statista.com/themen/131/pandemien/#topicOverview
2. „The genetic sequence, origin, and diagnosis of SARS-CoV-2". https://www.ncbi.nlm.nih.gov/pmc/articles/PMC7180649/
3. „COVID-19: Drei Kontakte mit dem Spike-Protein für eine breite Immunität", Newsroom Universität München, 1. Februar 2022. https://www.lmu.

de/de/newsroom/newsuebersicht/news/covid-19-drei-kontakte-mit-dem-spike-protein-fuer-eine-breite-immunitaet.html

4. „Corona-Impfen verhinderte 20 Millionen Tote", Frankfurter Allgemeine Zeitung, 24. Juni 2022. https://www.faz.net/aktuell/gesellschaft/gesundheit/impfung-rettete-im-ersten-corona-jahr-20-millionen-menschen-das-leben-18124638.html

5. Bella, Timothy: A vaccine scientist's discredited claims have bolstered a movement of misinformation, Washington Post, 24. Januar 2022. https://www.washingtonpost.com/health/2022/01/24/robert-malone-vaccine-misinformation-rogan-mandates/

6. Washington University: „Cancer Incidence, Mortality, Years of Life Lost, Years Lived With Disability, and Disability-Adjusted Life Years for 29 Cancer Groups From 2010 to 2019", 30. Dezember 2021. https://jamanetwork.com/journals/jamaoncology/fullarticle/2787350

7. Iqvia, Global Oncology Trends 2022. Outlook to 2026, 26. Mai 2022. https://www.iqvia.com/insights/the-iqvia-institute/reports/global-oncology-trends-2022

8. Juni 2021 in einem Interview mit dem Magazin Der Spiegel.

9. Nationales Zentrum für Tumorerkrankungen Heidelberg. https://www.nct-heidelberg.de/fuer-patienten/behandlung/immuntherapie.html

10. „Das Potenzial voll ausschöpfen – Interview mit Niels Halama", DKFZ Heidelberg 2022. https://www.dkfz.de/de/aktuelles/mRNA-Impfung-gegen-Krebs.html

4

„Definite Cure" statt Therapieren: Crispr/CAS – Präzisionsmedizin nach dem Sündenfall

Die Genschere Crispr/CAS erlaubt das präzise Durchtrennen des Erbgutmoleküls DNA. Auf diese Weise wird es möglich, einzelne Gene auszuschalten oder in die Schnittstellen neue Abschnitte einzufügen. Die Biochemikerin Jennifer Doudna und die Mikrobiologin Emmanuelle Charpentier stellten die Technologie am 17. August 2013 in einer Studie im „Science"-Magazin vor [1]. In der Medizin könnte das Verfahren, für das Doudna und Charpentier 2020 den Chemie-Nobelpreis erhielten, unter anderem verwendet werden, um die Produktion von bestimmten Proteinen zu verhindern, wenn diese Erkrankungen auslösen. Mit der Genschere Crispr/CAS lassen sich Teile der DNA von Menschen und von Pflanzen verändern. Durch Forschungen in der Medizin und der Pflanzenbiologie ist es beispielsweise mittlerweile möglich, mittels Crisp/CAS eine bislang unheilbare Krankheit wie die Amyotrophe Lateralsklerose wirkungsvoll zu bekämpfen.

Was sehr kryptisch und futuristisch daherkommt, beschäftigt weltweit immer mehr Wissenschaftler*innen, Unternehmen, Politiker*innen, aber auch Gerichte und Ethikkommissionen. Mit Crispr/CAS, so formulierte es Jennifer Doudna, steht ein gentechnisches Verfahren zur Verfügung,

E. Wenzel, *Megatrend Gesundheit: Wie Digitalisierung und Individualisierung unsere Gesundheitsversorgung revolutionieren*, Megatrends und Transformations-Management, https://doi.org/10.1007/978-3-662-68688-1_4

mit dem sich der Code des Lebens neu schreiben lässt („the ability to rewrite the code of life") [2]. Das eröffnet enorme Möglichkeiten und verlangt von den Forscher*innen zugleich eine große ethische Verantwortung im Umgang mit der Methode. Wer es erlaubt, in die Gensubstanz von Menschen, Tieren und Pflanzen einzugreifen, der muss sich klarmachen, dass damit die Büchse der Pandora geöffnet wird. Die Hautfarbe eines Babys leicht zu modulieren, die Augenfarbe „auswechseln", alles kein Problem mehr. Doch wir leben in einer Welt, in der es Rassismus gibt und Dazugehörigkeit ein wichtiger Faktor ist. Was passiert, wenn wir den Menschen der Zukunft gentechnisch designen können? Könnte es dann nicht dazu kommen, dass irgendwann nur noch Menschen mit der einen Augenfarbe akzeptiert werden? Und lassen sich so nicht auch wunderbar „menschliche" Waffen programmieren, die jede künstliche Intelligenz in den Schatten stellen?

„Definite Cure" statt teurer Therapien: Crispr/CAS denkt die Medizin komplett neu

Wir reden hier also nicht über einen Designbaukasten für Menschen, denn mit der Crispr/CAS-Technologie wird dem Organismus kein fremdes Genmaterial hinzugefügt. Mit der Schere werden lediglich Teile der DNA umgruppiert oder entfernt. Die Vorteile dieser grandiosen technologischen Innovation liegen auf der Hand. Mit Crispr/CAS sind Therapien möglich, bei denen Patient*innen Körperzellen entnommen, mit der Genschere verändert und wieder zurück in den Körper verpflanzt werden, um beispielsweise Krebs und andere schwere Krankheiten zu bekämpfen. Bekämpfen heißt dann auch, dass es möglich wird, durch einen präzisen Genschnitt bestimmte Krankheiten ein für alle Mal im Körper eines Menschen auszuschließen. Befürworter der Technologie sehen die Medizin – nicht zu Unrecht – auf dem Weg in eine völlig neue Zukunft: Wie der Autobauer Henry Ford mit seinem T-Modell, so ist zu hören, könnten mithilfe der Genschere Medikamente am Fließband schnell, preiswert und einfach produziert werden – und häufig die Patient*innen von einer schweren Krankheit endgültig heilen („Definite Cure"). Teure Krebstherapien würden dann überflüssig. In Forschungslaboren gehört die Genschere längst zum Alltag. So lassen sich mit Crispr/CAS beispiels-

weise gezielt Gewebe oder Versuchstiere züchten, die in der Arzneimittel-
forschung zum Einsatz kommen.

Wie kaum eine andere Technologie fordert Crispr/CAS medizin-
ethische Debatten heraus. Aber ist es medizinethisch vertretbar, kranken
Menschen den Zugang zu möglicherweise lebensrettenden Medikamenten zu verwähren? Weltweit leiden 200 Mio. Menschen an Gendefekten, die mitunter großes Leiden verursachen, aber durch Gentherapien heilbar wären. Ist es da nicht geradezu unsere moralische
Pflicht, dem medizinischen Fortschritt Vorfahrt einzuräumen? Alena
Buyx, Gesundheitsexpertin und Vorsitzende des Deutschen Ethikrates,
erklärt, dass die „Vermeidung von Risiken (…) zu oft ganz im Vordergrund (steht). Das ist auf Dauer unethisch" [3]. Buyx hat diese Formulie-
rung auf den Umgang mit dem Datenschutz im deutschen Gesundheitssystem gemünzt. Keine Frage, dass bei gentechnologischen Prozeduren
noch strengere Maßstäbe angelegt werden müssen, denn im Raum steht
der Kontrollverlust gegenüber dem Gencode des Menschen.

Es stellt sich daher die Frage, wie weit man mit der neuen Gendesign-
Methode gehen darf. Veränderungen an einzelnen Körperzellen wie Blut-
oder Leberzellen werden in der Forschung als weniger problematisch angesehen, denn diese Zellen sind nicht überlebensfähig. Komplizierter
wird es, wenn mithilfe von Crispr/CAS in die Keimbahn eines Menschen
eingegriffen wird. Dann werden Spermien und Eizellen genetisch manipuliert und die Veränderungen wirken sich nicht nur auf den jeweiligen
Organismus aus, sondern auch auf dessen Nachkommen – menschliches
Erbgut kann dauerhaft umprogrammiert und manipuliert werden [4].

In der Schweiz existiert seit 2005 ein Gentechnik-Moratorium für
Pflanzen, das noch bis 2025 läuft; im vergangenen Jahr wurde jedoch das
Gen-Editing davon ausgenommen. Ein weltweites Moratorium für die
klinische Anwendung von Crispr/CAS und anderen gentechnologischen
Instrumenten, die das menschliche Erbgut in Eizellen, Sperma oder von
Embryonen verändern, wird allgemein empfohlen. Der Deutsche Ethik-
rat empfiehlt in einer Stellungnahme aus dem Jahr 2019, dass „sich aus
der ethischen Analyse der Orientierungsmaßstäbe keine kategorische
Unantastbarkeit der menschlichen Keimbahn" ergibt. Zusätzlich zur
Forderung eines internationalen Moratoriums „für die klinische Anwendung von Keimbahneingriffen beim Menschen" spricht sich der Rat

für die Einrichtung einer internationalen Institution aus, die Standards für Keimbahneingriffe am Menschen erarbeitet [5].

2018, das Jahr des Sündenfalls: die Laborgeburt der „Crispr-Babys"

Die ethischen und regulatorischen Herausforderungen, die mit Crispr/CAS verbunden sind, konzentrieren sich wie in einem Brennglas auf das Jahr 2018. Zu Beginn des Jahres hatte der Europäische Gerichtshof (EuGH) noch festgehalten, dass erbgutveränderte Organismen nur dann als „gentechnisch veränderte Organismen" (GVO) gelten und als solche reguliert werden müssen, wenn ihr „genetisches Material so verändert worden ist, wie es auf natürliche Weise nicht möglich ist". Wer wie bei Crispr/CAS dem Genbestand eines Organismus oder einer Pflanze kein fremdes Genmaterial hinzufügt, sondern nur Schnitte im Genmaterial vornimmt, betreibt keine klassische Gentechnik [6].

Doch bereits im Juli vollzieht der EuGH eine 180-Grad-Wende [7]. Pflanzen, die mit modernen biologischen Methoden im Labor entstanden sind, zählten plötzlich doch zu gentechnisch veränderten Pflanzen. Aufseiten der Pflanzenbiologie entstand Fassungslosigkeit. Mithilfe von Crispr/CAS ließen sich in kürzester Zeit Mutationen erzeugen, die in der traditionellen Pflanzenzucht Jahre und Jahrzehnte brauchen, aber die gleichen Veränderungen zur Folge haben. Durch das Urteil, so argumentierten die Forscher*innen, büßt Europa endgültig seine Wettbewerbsfähigkeit gegenüber China und den USA ein. Auch die Optimierung von Pflanzen und Saatgut bezüglich Hitzeresistenz angesichts des Klimawandels werde damit ausgebremst.

Der Sündenfall ereignete sich schließlich im November, als der Genforscher und Physiker He Jiankui der entgeisterten Scientific Community mitteilte, er habe das Erbgut der durch künstliche Befruchtung gezeugten Zwillingsschwestern Lulu und Nana mithilfe von Crispr/CAS verändert. Genetisch verändert und deaktiviert worden sei das Gen für den Rezeptor CCR5. Damit sollte qua Genmanipulation die Aidskrankheit der Kinder ausgeschlossen werden (der Vater der Kinder litt an HIV), doch die Nebenwirkungen waren bis dahin komplett unkalkulierbar. Darüber hinaus herrschte bei Forscher*innen Einigkeit darüber, dass das vorgenommene Gen-Editing medizinisch wenig sinnvoll sei und womöglich Fehler in das Erbgut der Mädchen eingeschleust haben könnte.

Eine noch nicht ausgereifte Gen-Editierungstechnologie wurde hier also vorschnell auf die Reproduktionsmedizin beim Menschen angewandt. Die Genmanipulation könnte mit hoher Wahrscheinlichkeit dazu führen, dass die „Crispr-Babys" mit dem 76. Lebensjahr sterben, wie Expert*innen in einer ausführlichen Datenbankrecherche zeigten [8].

Ende Februar 2022 forderten schließlich zwei hochrangige chinesische Bioethiker laut einem Bericht im Fachblatt „Nature" die chinesische Regierung auf, ein Forschungsprogramm zur Überwachung der Gesundheit der Crispr-Kinder einzurichten. Sie stuften die Kinder als eine „gefährdete Gruppe" ein und forderten genetische Analysen, um festzustellen, ob ihre DNA genetische Fehler enthält, die sie an künftige Generationen weitergeben könnten [9].

Die blendenden Marktaussichten für Crispr/CAS

Auch nach dem Sündenfall wird die Genschere von einer Vielzahl an Forschern zuallererst als medizinischer Innovationstreiber gesehen. Die Zahl der Neuzulassungen von Medikamenten hat sich in den vergangenen zehn Jahren annähernd verdoppelt. Die Gründe dafür sind mannigfaltig. Aber es spricht vieles dafür, dass Crispr/CAS bereits in diesem Zeitraum dabei kräftig mitgeholfen hat. Die Genschere verspricht insbesondere auch auf der ersten Stufe der Pharmaforschung erhebliche Zeitgewinne. Experimente, die zuvor Monate dauerten, könnten künftig in Tagen durchgeführt werden. Crispr/CAS gestattet es, Tausende von Genen in einem einzigen Experiment zu modifizieren. Dieses Crispr/CAS-Screening gilt schon heute als eines der wichtigsten Instrumente für die Pharmaforschung der Zukunft.

Nach Schätzung der britischen Firma Horizon Discovery umfasst der Markt für Gen-Editing-Tools inzwischen rund 2,5 Mrd. US-Dollar. Bis 2024 dürfte er sich laut Global Market Insights auf 7,5 Mrd. US-Dollar verdreifachen [10]. Und laut Skyquest soll der Gesamtmarkt für medizinische Crispr-Anwendungen bereits im Jahr 2028 ein Volumen von 17 Mrd. US-Dollar erreichen und anschließend mit jährlichen Wachstumsraten von plus 40 bis plus 50 % zulegen [11]. Aufgrund dieser Aussichten positionieren sich mehr und mehr große Pharmakonzerne in Sachen Genschere. Es ist davon auszugehen, dass es in naher Zukunft zu Übernahmen kommt, denn noch liegen die Bewertungen der meisten

Crispr-Unternehmen in Bereichen, die große Pharmakonzerne aus der Portokasse zahlen könnten. Im Fokus stehen dabei Unternehmen, die eine eigene Technologieplattform entwickeln, oder solche, die an konkreten Therapie- und Behandlungsformen arbeiten.

Es versteht sich von selbst, dass Big Pharma, die global operierenden Pharmaunternehmen, an disruptiven Trends wie mRNA und Crispr/ CAS großes Interesse haben, da Patente umsatzträchtiger Medikamente in den kommenden Jahren ablaufen und die Produktpipeline der Pharmariesen noch nicht mit neuen Blockbuster-Medikamenten aufgefüllt ist. Arda Ural, Gesundheitsexpert*innen von Ernst & Young, erklären dazu: „Gene editing like Crispr/CAS, plus the newly validated mRNA (Botenmoleküle) and RNAi (Unterdrückung von Botenmolekülen) platforms are coming to fruition to help mitigate [and help] the industry to get back on that growth path" [12]. Die Innovationsrichtung ist also klar abgesteckt, weswegen in nächster Zeit kraftvolle Investitionen von Big Pharma in Crispr/CAS zu erwarten sind. Die Kriegskassen sind dafür bestens gefüllt.

Rund zehn Jahre nach dem Durchbruch in der Grundlagenforschung bahnen sich für die Crispr/CAS tatsächlich die ersten regulären Anwendungen in der Medizin an. Ende 2020 hat die US-Biotechfirma Vertex Pharmaceuticals ein erstes auf der Technologie basierendes Produkt bei der europäischen Arzneimittelagentur Ema zur Begutachtung eingereicht. Das Medikament heißt Exa-cel und ist ein Präparat, das das Leiden an der Sichelzellanämie lindern, vielleicht sogar beheben könnte. Die entnommenen Zellen werden im Labor mithilfe von Crispr/CAS genetisch so zugeschnitten, dass sie eine nicht-pathogene Version bestimmter roter Blutzellen bilden. Anschließend werden sie im Labor vermehrt und den Patient*innen wieder injiziert. Vertex geht davon aus, dass sich die fehlerhafte Hämoglobin-Bildung so auf Dauer und ohne weitere Therapien korrigieren lässt. Exa-cel, so schätzt es zumindest der Hersteller ein, wird der Meilenstein in der Crispr-Medizin sein, dem in den kommenden Jahren zügig weitere Therapien auf Basis der Genschere folgen werden. In der Datenbank clinicaltrials.gov sind aktuell rund 120 klinische Studien gelistet [13], bei denen die Crispr/ CAS-Technologie zum Einsatz kommt, darunter zahlreiche Zell- und Gentherapien gegen Krebs.

Vertex macht bislang keine Angaben zum möglichen Preis seiner Gentherapien, sieht sich aber dank vielversprechender klinischer Daten in einer guten Ausgangsposition. Die schwankenden Einnahmen des Unternehmens gehen bislang vor allem auf Meilensteinzahlungen von Partnerunternehmen zurück und sind deshalb noch wenig aussagekräftig. Chief Operating Officer Stuart Arbuckle will zudem anders als der Mitbewerber Bluebird nicht mit Einheitspreisen, sondern mit flexibleren Preismodellen in den Markt gehen. Neben der Gentherapie gegen Sichelzellanämie testet Vertex zurzeit unter anderem neue Schmerzmittel und ein Medikament gegen Nierenversagen. Darüber hinaus arbeitet Vertex an mehreren Zelltherapien gegen Typ-1-Diabetes. Mit GlaxoSmithKline vermarktet Vertex den HIV-Proteasehemmer Lexiva.

Eine weitere Herausforderung stellen neben den Zulassungsverfahren die Preisverhandlungen mit den Krankenkassen dar. Wie erläutert, wird es mittels der Genschere möglich, Erbkrankheiten komplett zu heilen, sodass Kosten für langwierige Therapien komplett wegfallen könnten. Der Crispr/CAS-Pionier Bluebird Bio (das Unternehmen gehört mittlerweile zum Bayer-Konzern) ist in den vergangenen Jahren jedoch mit dem Versuch gescheitert, für das Genpräparat Zynteglo einen Preis von 1,8 Mio. € durchzusetzen. Bluebird nahm das in Europa zugelassene Produkt anschließend wieder vom Markt [14]. Mit herkömmlichen Medikamenten sind die millionenteuren Gentherapien nicht zu vergleichen. Neuentwicklungen wie die von Bluebird (1,6 Mio. €), aber auch von Novartis (1,9 Mio. €) stellen ein neuartiges Therapiekonzept dar, das nach mehr als 30-jähriger Forschungsphase nun allmählich in der medizinischen Praxis Fuß fasst. Anders als herkömmliche Arzneimittel, die biochemische Prozesse über die Wechselwirkung mit Proteinen oder Enzymen in den Körperzellen beeinflussen, zielen Gentherapien auf die dauerhafte Korrektur fehlerhafter Erbanlagen.

Ebenfalls mitten in der Pandemie im Jahr 2020 wurden bei Krebspatient*innen erstmals Immunzellen mit der Genschere Crispr/CAS behandelt. Die neu designten Zellen waren auch nach neun Monaten noch nachweisbar und in der Lage, im Körper Tumorzellen abzutöten. Schwere Nebenwirkungen wurden nicht beobachtet. Die drei Patient*innen der Pilotstudie der University of Pennsylvania profitierten indes noch nicht von der Behandlung. Einer starb trotz Behandlung und bei den anderen beiden schritt die Krebserkrankung weiter voran. Die Studie, so betonten die Forscher, sei lediglich darauf ausgelegt gewesen, die Machbarkeit und Sicherheit der Methode zu demonstrieren. Doch klar formuliertes Ziel des Teams ist es, künftig Immunzellen „von der Stange" zu entwickeln, mit denen alle Patient*innen mit spezifischen Antigenen behandelt werden können.

Im Sommer 2021 haben Forscher des University College London und der Universität Auckland in einer Phase-1-Studie – nach eigenen Angaben – erstmals die Effektivität und Sicherheit der Crispr/CAS-Methode am Menschen untersucht. Sie behandelten sechs Patient*innen mit dem Wirkstoff NTLA-2001, der eine seltene Erbkrankheit (Transthyretinamyloidose), die zu Taubheitsgefühlen und Nervenschäden führt, bekämpft. Obwohl die im Rahmen der Phase-1-Studie verabreichten Dosierungen gering waren, kam es bei beiden Gruppen zu einem signifikanten Rückgang der Symptome. Laut den beteiligten Forschern sei es sehr wahrscheinlich, dass die Crispr/CAS-Behandlung eine lebenslange Wirkung zeitige. Sie erwähnten aber auch, dass zu den möglichen Nebenwirkungen ein Mangel an Schilddrüsenhormonen und Vitamin A gehöre. 2021 wurde in Kanada das erste auf der Genschere basierende Medikament gegen Typ-1-Diabetes für klinische Studien zugelassen. Das Präparat wurde von dem Schweizer Unternehmen Crispr Therapeutics in Zusammenarbeit mit Via Cyte entwickelt.

Dem Unternehmen Pact Pharma aus San Francisco ist es Ende 2022 gelungen, durch Einsatz der Genschere krebsspezifische Rezeptoren in die T-Zellen von Krebspatient*innen einzufügen und so gewissermaßen personalisierte Immunzellen gegen den Tumor der Patient*innen zu erzeugen. Bei einem Drittel der Patient*innen stellten sich die erwarteten positiven Effekte ein. Die Forscher betonen allerdings, dass für die komplette Ausarbeitung des Verfahrens noch eine Menge an weiteren Zwischenschritten zu bewältigen seien. Des Weiteren befindet sich die Zelltherapie CTX110 des Unternehmens Crispr Therapeutics aktuell in einer klinischen Studie zur Behandlung eines bösartigen Krebstumors (CD19 + B-Zell Malignom). Daneben wird CTX130 in einer Phase-1-Studie als potenzielle Behandlung für verschiedene Krebsarten getestet.

Haben sich Deutschland und Europa vom Aufbruch der Genschere bereits entkoppelt?

Deutschland, unbestritten einer der wichtigsten Standorte für die Crispr/CAS-Grundlagenforschung, wird gerade von den USA und China abgehängt. Am weltweit relevantesten Biotech-Standort, in Boston, Massachusetts, ballt sich dagegen die Crispr/CAS-Kompetenz. Start-ups wie Inari, eGenesis und Crispr Therapeutics bilden zusammen unter anderem mit dem Broad Institute das weltweite Crispr-Epizentrum [15]. Auch die Zusammenarbeit mit dem Silicon Valley wird immer intensiver. Die Genschere wird mit bereits ausgereiften Datenanalyse-Algorithmen gekoppelt, wodurch Ergebnisse schnell und in großen Mengen interpretiert werden können. Die Software hierfür liefern große Technikkonzerne wie Google. Alphabet, die Muttergesellschaft des Suchmaschinenkonzerns, hat dafür eigens in Großbritannien die Pharmatochter Isomorphic Laboratories gegründet. Das 2021 gegründete Unternehmen nutzt die Forschungen zur künstlichen Intelligenz von Deep Mind, einer weiteren Tochter von Alphabet.

Die Entwicklungspipeline des einflussreichen Agrar- und Medizinkonzerns Bayer beinhaltet laut Recherchen des „Handelsblatts" aktuell keine Projekte, bei denen an Therapieansätzen mit Crispr/CAS gearbeitet wird. Mit den Zukäufen der Firmen Blue Rock und Ask Bio aus den USA hat sich der Konzern jedoch Zugang zu anderen Gen-Editierungstechnologien verschafft und will darüber hinaus auch an der Weiterentwicklung von Crispr/CAS-Technologien arbeiten [16].

Auch für die Darmstädter Merck-Gruppe sind die Geneditierungstechniken hoch attraktiv und bereits in der Zukunftsstrategie eingepreist. Der Konzern würde gleich doppelt von einem Crispr/CAS-Durchbruch profitieren. Zum einen setzt Merck das Verfahren bereits bei der eigenen Suche nach neuen Wirkstoffen und Therapien ein. Zum anderen könnte der Konzern Labore auf der ganzen Welt mit der neuen Technologie ausrüsten. Die Merck-Tochter Sigma-Aldrich gehört schon jetzt zu den weltweit führenden Produzenten und Lieferanten von Laborausstattungen für Forschungen mit der Crispr/CAS-Technologie.

In der Pflanzenbiologie ist die Genschere mindestens ebenso präsent – und ebenso umstritten. Häufig wird hier ein Gen ausgeschnitten, um den Geschmack einer Pflanze zu modulieren. Im Grunde beschleunigt Crispr/CAS nur Prozesse, die Pflanzen auch durch Umwelteinflüsse oder Kreuzungen in der freien Natur ebenfalls durchlaufen: Sie mutieren. Mit Crispr/CAS könnten schnell und günstig schädlingsresistente Pflanzen gezüchtet werden, wodurch sich die weltweit bedenklich hohe Pestizidnutzung deutlich reduzieren ließe. In den USA, China, Brasilien, Kanada und Argentinien befinden sich genveränderte Produkte längst im Handel.

Was Crispr/CAS in der Landwirtschaft zusätzlich leisten könnte: Saat- bzw. Wirkstoffmonopole aufzubrechen und kleinere Unternehmen zu ermuntern, Entwicklungen im Gen-Editing selbstbewusst voranzutreiben. Verfechter der Methode versprechen sich davon mehr Vielfalt, mehr Wettbewerb und mittelfristig auch günstigere Preise. Ein weiteres Szenario, das in der Pflanzenbiologie im Hintergrund steht, sind die Folgen des Klimawandels. „Genoptimiertes" Saatgut könnte gerade in den schon jetzt stark vom Treibhauseffekt bedrohten Regionen wie in vielen Teilen Afrikas dafür sorgen, dass robustere Pflanzen für mehr Ernährungssicherheit sorgen.

Gut begründeter Gegenwind für Crispr/CAS kommt dagegen von der Grünen-Fraktion aus dem EU-Parlament [17]. In einer Studie kritisieren die Europaparlamentarier die einseitig positive Darstellung von Crispr/CAS durch eine große Zahl von Wissenschaftler*innen. Eine Befangenheitsrisikoprüfung ergab, dass 31 % der Mitglieder der Forschergruppe EU-Sage und 60 % der Epso-Gruppe eigene Interessen an der Kommerzialisierung von gentechnisch veränderten Organismen (GMO) haben könnten. Fast die Hälfte der Epso-Fachleute hat laut des Berichts ein Patent angemeldet und mehr als die Hälfte hat schon mindestens einmal in einem oder mehreren Forschungsprojekten für Saatgut- oder Chemiekonzerne mitgearbeitet.

Während also auf dem Pharmasektor die Grundlagen- und Medikamentenentwicklung progressiv fortschreitet, hält sich innerhalb der EU massiver Widerstand gegenüber Crispr/CAS. Eine Untersuchung im Auftrag der Grünenfraktion im Europaparlament kam jüngst zu dem Ergebnis, dass bislang keine „intrinsische Ertragssteigerung" durch Gentechnik nachgewiesen worden sei [18].

Die aktuelle Guidance der EU für Crispr/CAS in der Medizin ist vorläufig und lässt vieles offen: Gen-Editing solle nur in Fällen möglich sein, in denen schwere Krankheiten auftreten oder es keine andere Behandlungsmöglichkeit gibt. Unabhängige Risikoforschung müsse gezielt gefördert werden. Das „breite Spektrum politischer Optionen", das die Kommission bis zum Frühjahr 2023 prüfen will, schließt allerdings auch die Möglichkeit ein, dass die alte Gentechnikgesetzgebung beibehalten wird.

Learnings

- **Höchste Zeit für klare Regelungen durch die Gesetzgeber**
  Der Wettbewerb um die Nutzung von Crispr/CAS wird in den nächsten zwei Jahren entschieden. Mit entscheidend hierfür sind die gesetzlichen Weichenstellungen der EU in 2023. Was angesichts der geopolitischen Lage mehr als fragwürdig erscheint: Ein Drittel der Forschung zu Crispr/CAS findet schon jetzt in China statt. Deutsche Forschung verlagert sich ins Ausland. Bayer forscht in den USA unter anderem an Crispr/CAS-Innovationen für die Agrarindustrie [19].

- **Ethische Erwägungen müssen sorgfältig mit Markterwartungen synchronisiert werden**
  Absehbar ist, dass die kommenden zwei Jahre möglicherweise disruptive Durchbrüche in der Crispr-Medizin hervorbringen werden. Das darf die ethische Debatte keinesfalls beeinflussen. Allerdings wird das kühne Versprechen der „Definite Cure" Begehrlichkeiten nicht nur auf den Märkten, sondern auch in Gesellschaft und Politik erzeugen. Crispr/CAS ist eine schwere Geburt, weil es um das Management des genetischen Codes der Menschheit geht.

- **Die Entkopplung vom Crispr-Markt und der Crispr-Forschung muss verhindert werden**
  Auch das ist eine ethische Verpflichtung: Medikamente, die das schwere Leiden von 200 Mio. Menschen mit Gendefekten durch eine einzige Spritze beheben können und vielleicht sogar den Krebs besiegen werden, müssen nach Maßgabe des Möglichen gefördert werden. Deswegen sollte die Forschung hierzulande nachdrücklich gestützt und ertüchtigt werden, um der drohenden Entkopplung von den kommenden Trends zu entgehen. Kritik daran, was Crispr/CAS für Medizin und die Landwirtschaft konkret zu leisten vermag, ist unverzichtbar – eine Verteufelung der Genforschung aber nicht im Sinne einer zukunftsfähigen und aufgeklärten Gesellschaft.

Literatur

1. Jennifer A. Doudna, Emmanuelle Charpentier: „The new frontier of genome engineering with CRISPR-Cas9", Science, 17. August 2013. https://www.science.org/doi/10.1126/science.1258096
2. https://www.kiro7.com/news/trending/rewriting-code-life-researchers-behind-gene-editing-tool-win-2020-nobel-prize-chemistry/ZLRNCLQSERCWZJOUGWKCTWXF7I/
3. „Besserer Datenschutz ist eine moralische Pflicht". Interview mit Alena Buyx, Süddeutsche Zeitung, 8. Dezember 2022.
4. Deutscher Ethikrat: Veröffentlichung der Stellungnahme „Eingriffe in die menschliche Keimbahn", 9. Mai 2019. https://www.ethikrat.org/pressekonferenzen/veroeffentlichung-der-stellungnahme-eingriffe-in-die-menschliche-keimbahn/?cookieLevel=not-set
5. Ebd.
6. Sascha Karberg: „Was von Natur aus geht, ist juristisch keine Gentechnik", Zeit, 19. Januar 2018. https://www.zeit.de/wissen/2018-01/crispr-gentechnik-europaeischer-gerichtshof
7. „Durch Mutagenese gewonnene Organismen sind genetisch veränderte Organismen (GVO) und unterliegen grundsätzlich den in der GVO-Richtlinie vorgesehenen Verpflichtungen", EuGH, 25. Juli 2018. https://curia.europa.eu/jcms/upload/docs/application/pdf/2018-07/cp180111de.pdf
8. Callaway, Ewen: „Geneticists retract study suggesting first CRISPR babies might die early. Researchers rapidly corrected finding through discussions on social media and preprints. Nature, 14. Oktober 2019. https://www.nature.com/articles/d41586-019-03032-2
9. Mallapaty, Smritiy: „How to protect the first ‚CRISPR babies' prompts ethical debate. Fears of excessive interference cloud proposal for protecting children whose genomes were edited, as He Jiankui's release from jail looks imminent", Nature, 25. Februar 2022. https://www.nature.com/articles/d41586-022-00512-w
10. Global Market Insights. https://markets.businessinsider.com/news/stocks/gene-editing-market-will-achieve-14-cagr-to-cross-7-5-billion-by-2024-1008811409
11. https://skyquestt.com/report/genome-editing-market
12. Gibney, Michael: „The ‚innovation gap' haunts Big Pharma, and the race is on for the next blockbusters". In: Pharmavoice, 28. April 2022. https://www.pharmavoice.com/news/innovation-gap-pharma-blockbuster-drug-biotech/622804/

13. https://crisprmedicinenews.com/clinical-trials/
14. Siegfried Hofmann: „Bislang teuerstes Medikament in Europa zugelassen – 1,57 Millionen Euro pro Therapie", Handelsblatt, 26. Oktober 2020.
15. „Genschere Crispr: So lässt sich das eigene Erbgut verändern", Handelsblatt, 26. Juli 2019. https://www.handelsblatt.com/technik/medizin/der-perfekte-mensch-genschere-crispr-so-laesst-sich-das-eigene-erbgut-veraendern/24687852-all.html
16. Siegried Hofmann, Bernd Fröndhoff: „Bayer steckt bis zu vier Milliarden Dollar in den Gentherapie-Spezialisten Ask Bio", Handelsblatt, 26. Oktober 2020. https://www.handelsblatt.com/unternehmen/industrie/pharmaindustrie-bayer-steckt-bis-zu-vier-milliarden-dollar-in-den-gentherapie-spezialisten-ask-bio/26307434.html
17. „Behind the Smokescreen. Vested Interests of EU-Scientist Lobbying für GMO Deregulation", 29. September 2022. https://www.greens-efa.eu/en/article/document/behind-the-smokescreen
18. Beck aktuell: „EU-Kommission für Überarbeitung der Gentechnik-Regulierung", 30. April 2021 (dpa). https://rsw.beck.de/aktuell/daily/meldung/detail/eu-kommission-fuer-ueberarbeitung-der-gentechnik-regulierung
19. Der Aktionär, 10. Januar 2022. https://www.deraktionaer.de/artikel/pharma-biotech/bayer-neuer-deal-crispr-star-doudna-involviert-die-details-20243575.html

5

Mauern einreißen: Das Krankenhaus der Zukunft ist virtueller, dezentraler und patient*innennäher

Wir alle wissen es und haben es schon am eigenen Leib erlebt: Krankenhäuser arbeiten hierzulande nur dann wirtschaftlich, wenn sie viele Behandlungen abrechnen können. In den fast drei Jahren der Pandemie war das nicht möglich, da die Gesundheitsbetriebe von der Politik angehalten wurden, Betten für Coronakranke freizuhalten. Zwischenzeitlich haben sich Energie, Geräte und Dienstleistungen inflationär verteuert, während die Honorierung für Behandlungen nur unmaßgeblich um zwei Prozent anstieg. Das deutsche Krankenhaussystem könnte in den kommenden Jahren tatsächlich eine Pleitewelle erleben.

Eine aktuelle Studie des Deutschen Krankenhausinstituts (DKI) ergab für 2022, dass nur noch sechs Prozent der Kliniken in Deutschland ihre aktuelle wirtschaftliche Lage als gut einschätzen [1]. Nur jede fünfte Klinik erwarte der Befragung zufolge für das laufende Jahr schwarze Zahlen, mehr als die Hälfte gehe davon aus, dass sich das Betriebsergebnis im kommenden Jahr deutlich verschlechtern wird. Besonders die großen Häuser mit mehr als 600 Betten stufen ihre Situation als angespannt ein. Die Deutsche Krankenhausgesellschaft (DKG) rechnet für 2023 damit, dass zehn bis 20 % der Häuser insolvenzgefährdet sind. Ohnehin

E. Wenzel, *Megatrend Gesundheit: Wie Digitalisierung und Individualisierung unsere Gesundheitsversorgung revolutionieren*, Megatrends und Transformations-Management, https://doi.org/10.1007/978-3-662-68688-1_5

schrumpft die Zahl der Kliniken seit Jahren. Laut Angaben des Statistischen Bundesamts waren 2007 deutschlandweit 1791 allgemeine Krankenhäuser in Betrieb, 2020 nur noch 1558. Das strukturelle Defizit der Krankenhäuser werde sich 2023 auf 15 Mrd. Euro summieren, prognostiziert die DKG [2].

Wie sieht das Krankenhaus der Zukunft aus? Ist es vorstellbar, dass wir schon bald auf die Konsultation einer Ärztin oder eines Arztes vor Ort in der Praxis komplett verzichten können? Aber wollen wir das überhaupt? Oder ist das schon wieder ein solcher Eingriff ins Gesundheitssystem, bei dem statt einer breitflächigen Versorgung für alle neue Märkte für private Akteure herausgeschlagen werden sollen?

In den vergangenen drei Jahren war die Pandemie bei der Digitalisierung der Gesundheit ein willkommener Trendbeschleuniger. Es hat sich gezeigt, dass digitale Infrastrukturen in kurzer Zeit an den Start gebracht werden können und von den Menschen akzeptiert werden, weil sie schnelle Ansprache ermöglichen, Leidensdruck reduzieren halfen und Lösungswege in einer krisenhaft zugespitzten Situation eröffneten. Trends, das lernen wir daraus, treten häufig dann in Erscheinung, wenn plötzlich Lebensknappheiten und Versorgungsengpässe entstehen, die alten Systematiken und Gewohnheiten außer Kraft gesetzt werden und alternatives Handeln unausweichlich ist. Von hier aus ist es nicht mehr weit zu einem Krankenhaus der Zukunft, das sich als eine eher schlanke Zweckorganisation (und -architektur) entwirft, dafür aber medizinisch bestens für Leidende und deren Angehörige gerüstet ist.

Das „Krankenhaus für alles" hat nie funktioniert

Blicken wir kurz zurück. Schauen wir uns die Krankenhaus-Architektur und -infrastruktur der vergangenen Jahrzehnte an, so stellen wir fest, dass sich seit rund einem halben Jahrhundert erschreckend wenig verändert hat. Das liegt nicht zuletzt auch daran, dass die Bedürfnisse um Krankenhäuser herum sehr schwer zu ermitteln und zu planen sind. Sie sollen über Jahrzehnte der Daseinsvorsorge dienen, sollten aber flexibel sein, wenn technologische Innovationen in unterschiedlichen medizinischen Sektoren in den ärztlichen Alltag einbrechen. Und es gibt wohl keine andere Branche, keinen anderen Sektor unserer Lebenswelt, in der sich technische Fortschritte quasi sekündlich manifestieren.

Die Digitalisierung mit ihren Möglichkeiten der Vernetzung und des zeit- und raumunabhängigen Kontakts ist dabei nur ein Aspekt, der die Anforderungen für die stationäre Gesundheitsversorgung in letzter Zeit deutlich verändert hat. Vor allem ist das Krankenhaus ein sozialer Ort. Und das heißt: Neben der Kontingenz medizinischer Innovationspraxis und der Vielfalt medizinischer Anforderungen (Notaufnahme, Operationssäle, Labore, Diagnostik etc.) muss das Krankenhaus in Form von Aufenthalts- und Therapiemöglichkeiten bis hin zu Kindergärten, Läden und Restaurants auch den täglichen Bedürfnissen der Nutzer*innen gerecht werden.

Das Krankenhaus des 20. Jahrhunderts, so lässt sich vereinfacht sagen, wurde aus einem (nicht nur architektonisch) schwer erträglichen Patchwork aus Erlöserwartungen, sozialen und technologischen Anforderungen, Sparsamkeitserwägungen, rechtlichen Bestimmungen und sich wandelnden Patient*innen-Bedürfnissen geschaffen. Das architektonische Ergebnis war nicht selten ein gesichtsloser Multifunktionsbau, der eher abstößt, als dass er einlädt, eher krank macht, als dass er der Heilung und dem Wohlbefinden der Patient*innen dient.

Natürlich liegt da der Gedanke nahe, die Idee des alten, zentralen Großklinikums zu entsorgen und dezentraler in einer Vielzahl kleiner Gebäude zu denken. Einzelne Funktionen (Forschung, Chirurgie, Therapie ...) sollten dabei vorausschauend zusammengefasst werden. Das ist schwieriger, als man denkt.

Grob gesagt lassen sich drei Funktionseinheiten für das Krankenhaus der Zukunft unterscheiden:

- Unfallkliniken sollten verkehrstechnisch günstig liegen, mit Operationssälen ausgestattet sein und digital über gute Vernetzungswege für schnelle Entscheidungen verfügen.
- „Entschleunigtere" Krankenhäuser hätten die Aufgabe, Behandlung, Therapie und Diagnostik in der Regel für eine nicht-stationäre Behandlung zu organisieren; die Bettenzahl ist begrenzt, Mitarbeiter und Organisation sind auf kürzere Aufenthaltszeiten eingerichtet.
- Kliniken, die für längere Aufenthalte der Patient*innen vorgesehen sind, werden künftig deutlich stärker technologisch aufgerüstet mit Automatisierung, künstlicher Intelligenz und Robotik daherkommen. In einem solchen „Gesundheitshaus" wird mittelfristig wohl auch die

Integration von Pflege und Robotik, lange ein Tabuthema, stattfinden. Medizin und Pflege in der Zukunft wird den menschlichen Kontakt nicht abschaffen, künstliche Intelligenz und Automatisierung ergänzen und erleichtern die Pflege.

Dieses Szenario setzt voraus, dass bereits ein Großteil der Pflege und der Therapie digital respektive virtuell vonstattengeht. Damit meinen wir auch, dass Gesundheit im Krankenhaus der Zukunft vor allem dezentral mittels Vernetzungstechnologien und durch proaktive respektive kollaborative Kunden-Patient*innen gewährleistet wird. Mit anderen Worten: Das Krankenhaus der Zukunft findet auch zu Hause in den eigenen vier Wänden statt. Dafür muss freilich keine massive medizinische Infrastruktur in die eigenen vier Wände verlagert werden. Die Digitalisierung vieler Gesundheitsanwendungen wird jedoch spätestens Ende der 2020er-Jahre so weit sein, dass ein individuelles Gesundheitsmonitoring jederzeit und überall stattfinden kann.

Babylon Health [3], ein britisches Start-up, das unter Einbeziehung von künstlicher Intelligenz am medizinischen Fortschritt arbeitet, lehnt sich weit aus dem Fenster und geht davon aus, dass in spätestens 20 Jahren 85 % aller medizinischen Konsultationen virtuell stattfinden werden. Keine Frage, dass am Horizont eines solchen Szenarios die Utopie einer Gesundheitsversorgung Gestalt annimmt, die zumindest anstrebt, den Krankheitsfall systematisch auszuschließen. Nach wie vor sollte dabei der Bereich der schweren und chronischen Erkrankungen ausgeklammert werden. Doch auch hier zeichnen sich seit Beginn der 2010er-Jahre technologische Fortschritte ab, die gerade bei chronischen Erkrankungen interessante dezentrale Versorgungswege eröffnen.

Aus einer Analyse der Gupta Strategists [4] geht hervor, dass bereits im Jahr 2013 die Dialyse von zu Hause aus technisch möglich war, doch nur 4,5 % der Dialysen in Holland tatsächlich in den eigenen vier Wänden durchgeführt wurden [5]. In einigen anderen Ländern lag die Zahl von Dialyse@home schon damals deutlich höher. In Neuseeland und Australien wurden Mitte der 2000er-Jahre bereits 25 % beziehungsweise 13 % der regelmäßigen Blutwäschen zu Hause abgewickelt. Dialyse@home reduziert die Kosten für die Dialyse um die Hälfte, vorausgesetzt, die Patient*innen sind bereit und gesundheitlich in der Lage, das für sich zu

Hause einzurichten. Für die Menschen in den Niederlanden – das ließ sich bereits für die technologischen Standards zu Beginn der 2010er-Jahre abschätzen – konnten durch Dialyse@home mehr als 45 h an Mobilitätszeit einspart werden. Als Belohnung werden entsprechend mehr Bewegungsfreiheit, eine deutlich erhöhte Zeitsouveränität und mehr Lebensqualität in Aussicht gestellt.

Was nach wie vor eine bessere dezentrale Versorgung blockiert, sind keineswegs fehlende technische Lösungen. Es mangelt an der Zugänglichkeit und Nutzbarkeit von Daten. Aber selbst der immer wieder als hoffnungslos rückständig beschriebene Stand der Digitalisierung insbesondere in Deutschland ist nicht der Hauptgrund dafür. Es ist die spezifische „Politisierung der Gesundheitsversorgung", bei der eine Vielzahl von Akteuren (Krankenhausbesitzer, Ärzt*innenverbände, Versicherer, Investor*innen, Politiker*innen, Pharmaunternehmen) Profitinteressen mehr oder weniger explizit anmelden und durchsetzen können [6].

Zu Beginn der Corona-Pandemie wurde in Deutschland mit einer gewissen Selbstzufriedenheit auf eine zumindest akzeptable Krankenhausversorgung verwiesen. Als abschreckende Beispiele galten das dysfunktionale Gesundheitssystem in den USA, das durch Corona stündlich in die Knie zu gehen drohte, und die erschreckenden Zustände in italienischen und spanischen Krankenhäusern angesichts der verspäteten Reaktion auf die Ausbreitung der Pandemie. Mittlerweile steht die Organisation der deutschen Krankenhauslandschaft ebenfalls in der Kritik. Kinderkrankenhäuser, die im Grippewinter 2022/2023 an ihre Grenzen stoßen, Patient*innen, die gar nicht stationär behandelt werden müssten, aber eine Vielzahl an freien Betten belegen, Kliniken, die Herzpatient*innen aufnehmen, für eine angemessene Versorgung jedoch gar nicht ausgerüstet sind. Wie es der Gesundheitsökonom Reinhard Busse formuliert, behandeln wir in Deutschland „in mehr als 1000 Krankenhäusern [Herzinfarkte], aber nur 500 davon haben überhaupt den nötigen Linksherzkatheter, die restlichen behandeln das falsch" [7].

Deutsche Realität: Viele Krankenhäuser garantieren noch keine gute Versorgung
Abgründe an Fehlplanungen tun sich auf. Galt die international beeindruckende Zahl von 1925 Krankenhäusern und 498.352 Betten hierzu-

lande gerade zu Beginn der Pandemie noch als Qualitätsmerkmal, stellt sich jetzt heraus, dass Ressourcen komplett falsch geplant und genutzt wurden. Der Hebel muss offenbar bei der orthodoxen Durchsetzung des Fallpauschalensystems (Vergütung pro Behandlungsfall) angesetzt werden, das durch die Nutzung kostspieliger Technologien und komplexer Eingriffe Umsätze in den Krankenhäusern sicherstellt [8]. Das führte beispielsweise im Jahr 2018 dazu, dass bei der Implantation von Aortenklappen (Herzoperation) Zuwachsraten von zehn Prozent und mehr erzielt wurden. Deutsche Kliniken avancierten zu Weltmarktführern bei der Nutzung entsprechender Technologien – die medizinische Notwendigkeit wird jedoch längst von vielen Expert*innen bestritten.

Mit einem Anteil des Gesundheitswesens von 13,1 % des Bruttoinlandsprodukts liegt Deutschland, was die (In-)Effizienz in der Versorgung angeht, weltweit direkt hinter den USA auf einem fragwürdigen Spitzenplatz. Deutschland verfügt über mehr als ausreichend Krankenhausbetten; wer oder was in diesen Betten jedoch behandelt wird, sorgt seit Längerem für erhitzte Diskussionen. Beispielsweise kommt Deutschland auf doppelt so viele stationäre Aufnahmen wie unsere Nachbarländer. Die Hälfte der Patient*innen, die hierzulande in der Notaufnahme vorsprechen, so Gesundheitsökonom Busse, wird auch stationär aufgenommen, in Dänemark sind das nur 20 % [9]. Das Fallpauschalensystem gerät auch dann an seine Grenzen, wenn offenkundig wird, dass große und relevante Behandlungsbereiche durch die Vergütung pro einzelnen Behandlungsfall (beispielsweise Kinderkliniken und Geburtshilfe, die mit hohem Personalaufwand, aber geringem Technologieeinsatz arbeiten) finanziell benachteiligt werden.

Für Busse ergeben sich aus der wirtschaftlichen Fehlplanung indes auch substanzielle Reformchancen: So ließe sich die große Zahl der Krankenhausaufenthalte leicht halbieren, sodass bis zu fünf Millionen weniger Krankenhausaufenthalte pro Jahr angeordnet werden müssten [10]. Doch auch hier blockiert das Fallpauschalensystem eine bessere Kosten- und Behandlungseffizienz: Wer eine Patientin oder einen Patienten ambulant versorgt, erlöst etwa 100 €, wer eine stationäre Aufnahme anordnet, erlöst ein Vielfaches.

Offensichtlich ist auch, dass die Privatisierung des Gesundheitswesens und speziell von Krankenhäusern (in den 1990er- und 2000er-Jahren die

Prestigeobjekte für vorgebliche Leistungsmaximierung durch Marktorientierung) zu mangelhaften Lösungen geführt hat. Jetzt, während für 2023 mit einer ernsthaften Insolvenzwelle[1] zu rechnen ist, kommt das Nachdenken über die Zukunft der Gesundheitsversorgung – vielleicht gerade noch rechtzeitig – endlich an den Grundlagen der Krankenhauskrise an. Zunächst fehlen ganz einfach exakte Definitionen dafür, was ein Krankenhaus an einem bestimmten Ort überhaupt leisten soll.

Geht es nach den durchaus nachvollziehbaren Vorschlägen der „Krankenhaus-Kommission" [11], sollten die Krankenhäuser in Deutschland zukünftig auf drei Stufen positioniert werden:

- **Level 1:** Krankenhäuser der regionalen Grundversorgung: breites Leistungsspektrum, trotzdem klar eingeschränkte Tätigkeitsfelder, Akutpflege und internistisch-chirurgische Therapie
- **Level 2:** Erster Spezialisierungsgrat: Geburtshilfe, Herzkatheter, Schlaganfälle, Brustkrebstherapien
- **Level 3:** Maximalversorgung mit einem breiten Spektrum an Fachabteilungen [12]

Der Gesundheitsökonom Boris Augurzky hat ausgerechnet, dass bei einer zeitgemäßen Neuplanung rund 400 Krankenhäuser deutschlandweit ausreichen würden [13]. Die Krankenhaus-Kommission führt jedoch nachvollziehbare Argumente an, die gegen eine Welle der Krankenhausschließungen sprechen. Allen voran wird dabei der demografische Wandel genannt. Auch über das Jahr 2030 hinaus werde die Gesamtbevölkerung in Deutschland weiter altern und der Bedarf an medizinischer Versorgung und Pflege dadurch deutlich ansteigen. Darüber hinaus fällt in einer zukünftigen Gesundheitsversorgung immer stärker ins Gewicht, dass die Bundesrepublik ein Land der Singles respektive der Alleinstehenden ist, weswegen eine stressresistente Akutversorgung vor Ort künftig noch wichtiger wird.

---

[1] Der Schaden für die medizinische Versorgung, so die Befürchtung, werde 2023 in vielen Regionen sichtbar werden. Das lässt sich dem aktuellen Krankenhaus-Barometer des Deutschen Krankenhausinstituts (DKI), einer jährlichen Repräsentativbefragung der Allgemeinkrankenhäuser in Deutschland, entnehmen. Danach rechnen 59 % der Kliniken für 2022 mit roten Zahlen; 2021 betrug der Anteil 43 %.

Grundsätzlich ist angeraten, dass alte Binsenwahrheiten bei der Planung der Krankenhauszukunft gegen den Strich gebürstet werden. Qualitativ hochwertiger Versorgung sollte beispielsweise gegenüber dem Primat der Nahversorgung der Vorzug erteilt werden, die ohnehin längst zu keinen besseren Ergebnissen mehr führe. Bei den rund 1300 Krankenhäusern der niedrigsten Qualitätsstufe möchte die Krankenhaus-Kommission [14] jedoch trotzdem nicht die Schere ansetzen. Es ist eher davon auszugehen, dass diejenigen Krankenhäuser des zweiten Levels wegfallen, die in urbanen Räumen geografisch nah beieinander liegen. Im Zuge der Digitalisierung und der Informationsvernetzung sollte außerdem ab sofort darauf hingewirkt werden, dass benachbarte Krankenhäuser ihre Betriebe zusammenlegen.

Digitalisierung schafft mehr Effizienz und Patient*innennähe

Die Cleveland Clinic, die im vergangenen Jahr ihr hundertjähriges Bestehen feierte, ist ein US-amerikanisches Non-Profit-Krankenhaus, das auf einzigartige Weise die Pflege der Kranken mit modernster Forschung und medizinischer Lehre verbindet. Das Krankenhaus, das mittlerweile auch Dependancen in London und Abu Dhabi unterhält, sticht weltweit heraus als forschende Klinik, die immer wieder an wichtigen Durchbrüchen in der Technologie- und Medikamentenentwicklung beteiligt ist. Vieles, was in Cleveland besser als in allen anderen Krankenhäusern der Welt funktioniert, lässt sich auf die frühe Adaption von Big-Data-Anwendungen, die Nutzung von digitalen Plattformen und Robotik-Innovationen zurückführen [15].

Schon früh wurde in den Cleveland Clinics nach dem Grundsatz verfahren, mithilfe des Megatrends Digitalisierung an einem Krankenhaus ohne (Daten-)Mauern zu arbeiten. Es wird darauf hingearbeitet, immer mehr medizinische Leistungen in den ambulanten Sektor zu delegieren. In den USA ist der Umsatzanteil in der ambulanten Versorgung von rund einem Drittel im Jahr 1995 auf 47 % im Jahr 2016 angestiegen [16]. Darüber hinaus haben es die Cleveland Clinics früh verstanden, neue Ansätze wie die Nahversorgung vor Ort und Versorgung zu Hause in das eigene Konzept zu integrieren.

Übergreifendes Konzept und zentraler Erfolgsfaktor ist jedoch der Mut der Cleveland Clinic, in sektorenübergreifenden Netzwerken zu arbeiten und dabei die Patient*innen in den Mittelpunkt zu stellen. Mit Programmen wie „Lifestyle 180" [17] hat sich das „disruptive Krankenhaus" im Grunde einer uralten Devise verschrieben: Vorbeugen ist besser als Leiden. Das Programm begleitet an Diabetes Leidende vor Ort in Cleveland und anderen Klinikstandorten mit Unterstützung wie Yoga und Kochkursen. Von diesem Programm profitieren nicht nur die chronisch Kranken, sondern auch die örtliche Wirtschaft, die Dienstleistungen, Lebensmittel, Technologie und vieles andere mehr beisteuert. Was seit Längerem schon das Qualitätssiegel „Cleveland Clinic Integrated Care" trägt, zeichnet sich außerdem dadurch aus, dass nachhaltiger gewirtschaftet wird.

Alle Expert*innen, die an dem Programm beteiligt sind, werden stets über die Kostenseite der Behandlungen und Therapien informiert. Im Zuge dessen fanden Cleveland-Ärzt*innen heraus, dass es in der medizinischen Versorgung zum Beispiel deutlich günstiger ist, Wunden mit Nähten aus Seide statt mit Metallklammern zu versorgen. Während die Klammern 400 US-Dollar kosteten, taten Seidennähte ihren Dienst für lumpige fünf US-Dollar. Die Nutzung der Metallklammern wurde schnell von 91 % auf zehn Prozent der Anwendungsfälle reduziert [18]. Es mag banal klingen, doch diese neu organisierte Informations- und Nachhaltigkeitspolitik am Klinikum führte dazu, dass zwischen 1999 und 2014 die Produktivität und das Jobwachstum an der Cleveland Clinic von jährlich einem Prozent auf sieben Prozent gesteigert werden konnte. „Cleveland Clinic Innovation", der Investmentarm der Klinik, hat in den letzten Jahren die Gründung von 70 (nichtmedizinischen) Start-up-Unternehmen gefördert, die in Cleveland und Umgebung Arbeitsplätze und Wohlstand schaffen [19].

Chronisch Kranke sind fraglos eine der größten Herausforderungen in der Gesundheitsversorgung der kommenden Jahre. In den USA verschlingt die stationäre und ambulante Behandlung von chronischen Krankheiten wie Diabetes und Übergewicht rund 20 % des Gesundheitsbudgets. Das sind in den Vereinigten Staaten jährlich rund 109 Mrd. US-Dollar. Für die Mehrzahl aller anderen Klinikbesuche, auch der Behandlung von akuten Krebsfällen, lassen sich mittlerweile insbesondere auch digitale Wege der Kommunikation und des Monitorings finden. Fällt ein an Diabetes leidender Mensch wegen massiver

Unterzuckerung ins Koma, so formulieren es die Krankenhaus-Innovatoren der Cleveland Clinic, hat sich jedoch ein vermeidbarer Fehler ins System eingeschlichen. Im 21. Jahrhundert sollte ein solcher Notfall eigentlich von vornherein ausgeschlossen werden können.

Bei den Szenarien für die Krankenhauswelt der Zukunft kursiert momentan eine Zauberformel: Tele-ICU, die digital vernetzte Notfallversorgung. Der amerikanische Krankenhausbetreiber Banner Health arbeitet mit einer digitalen Notfall-Matrix, die der niederländische Technologiekonzern Philips in den 28 Kliniken des Unternehmens installiert hat. Notfallexpert*innen kommunizieren hier erfolgreich mit Patient*innen, die sich mitunter mehrere Tausend Kilometer entfernt von dem/der Ärzt*in ihres Vertrauens aufhalten. Keine Frage, dass mit einem solchen „Intensive Ambulatory Care Programme" auch in entlegenen Regionen Europas der aktuelle Fachkräftemangel bei medizinischem Betreuungspersonal adressiert werden kann. Banner Health hat nach einer ersten Pilotphase im Jahr 2017 erstaunliche Erfolge mit der digital-raumunabhängigen Notfallversorgung nachweisen können: um die Hälfte weniger Krankenhauseinweisungen und eine Kostenersparnis von rund einem Drittel.

Predicitive Health, ein zurzeit außerordentlich prominentes Buzzword, wird in den kommenden Jahren zweifellos den Klinikalltag verändern. Relativ niedrigschwellige Technologie wird dazu beitragen, dass noch mehr medizinische Dienstleistungen außerhalb der Klinikräume im diagnostischen und therapeutischen Cyberspace stattfinden. „Smarte Nähte", die den pH-Wert in Wunden überprüfen, Kontaktlinsen, die den Blutzuckerspiegel messen. Sensorik kann hier frühzeitig intervenieren und die Lebensqualität der Patient*innen aufrechterhalten.

An der Cleveland Clinic wird beispielsweise der Einsatz von Wearables ausprobiert, mit denen Patient*innen in den eigenen vier Wänden betreut werden. Eine Arbeitsgruppe der Cleveland Clinic arbeitet an einem Early-warning-Mechanismus, der per Smartphone und durch Messung der Körpertemperatur, also noch bevor die Veränderung des Gesundheitszustands von dem/der Patient*in überhaupt wahrgenommen wird, therapeutische Unterstützung einleitet. Der/die Patient*in selbst oder frühzeitig in Kenntnis gesetzte Ärzt*innen können sofort ein Medikament nach Hause schicken, sodass sich die Patient*innen nicht in eine Klinik oder Ähnliches bemühen muss. Natürlich sollten bei solchen

Frühwarnsystemen Phänomene wie eine mögliche „Alarm Fatigue" (zu viele Alarmimpulse führen zu Reaktionsmüdigkeit) berücksichtigt werden. Aber Monitoringsysteme, ausgestattet mit künstlicher Intelligenz, die beispielsweise Abweichungen von standardisierten Genesungsprozessen bei Grippe oder Lungenentzündung melden, können dafür sorgen, dass frühzeitig Gegenmaßnahmen eingeleitet werden.

Vieles auf dem Weg zum Krankenhaus 2.0 klingt aber auch nach schlechter Science-Fiction (unter anderem ein komplett automatisiertes Krankenhaus) oder scheitert einstweilen an zu hohen Preisen (der Blut abnehmende Roboter). Doch Ärzt*innen werden im Krankenhaus der Zukunft mittelfristig tatsächlich das Stethoskop durch ein iPhone ersetzen können. Gefäßchirurgen werden in den kommenden Jahren schon einsehen müssen, dass ihre Hände – verglichen mit der Präzision eines Näh-Roboters – nicht mithalten können. Die Holo-Lens-Brille von Microsoft wird längst in der virtuellen Ärzt*innenausbildung eingesetzt. Exakte 3-D-Modelle von Organen erkrankter Menschen minimieren das Risiko von chirurgischen Eingriffen, da die Organe vor dem Eingriff eingehend studiert werden können. Je minimalinvasiver routinemäßige Eingriffe vonstattengehen (und ein Ende dieses Trends ist einstweilen nicht absehbar), umso weniger Kunstfehler wird es geben. Staroperateure, die auf ihrem chirurgischen Holodeck in Kooperation mit Robotern drei Operationen an unterschiedlichen Orten der Welt gleichzeitig betreuen, sind keine Unmöglichkeit mehr; Hüftoperationen von autonom arbeitenden Chirurgie-Robotern werden in den 2020er-Jahren zum selbstverständlichen Teil des ärztlichen Betriebs.

Mit Robotik und KI gegen den Fachkräftemangel
Wer solche Entwicklungen weiterhin für puren Futurismus von Big-Tech-Strategen hält, dem seien die folgenden Zahlen ans Herz gelegt: Lassen sich auf mittlere Sicht keine disruptiven Veränderungen in unseren Gesundheitssystemen einleiten, werden bereits im Jahr 2025 in den USA rund 90.000 Ärzt*innen und bis zu 450.000 Krankenpfleger*innen in der Versorgung fehlen [20]. Die Weltbank geht davon aus, dass sich bis 2030 die Zahl an Mitarbeitern im weltweiten Gesundheitssystem auf rund 40 Mio. Mitarbeiter verdoppeln muss [21].

Am Londoner Imperial College wurde 2017 eine Software entwickelt, die auf Basis von Deep-Learning-Konzepten in Sekunden schwere Hirnverletzungen diagnostizieren kann. Als nächsten Markstein visiert das „Deep-Medic"-Projekt die zielsichere und zeitnahe Diagnose von Hirntumoren an. Das von Microsoft initiierte „Projekt Inner Eye" [22], das seit einiger Zeit im Addenbrooke's Hospital in Cambridge umgesetzt wird, orientiert sich an einer ähnlichen Idee. Für die Analyse von radiologischen Bildern werden ebenfalls die zwei Kerndisziplinen der KI genutzt: Machine Learning und Computer Vision, also die Fähigkeit von Maschinen, Bilder nach bestimmten Merkmalseigenheiten zu analysieren. So ist es möglich, Tumore sicherer und mittlerweile auch deutlich schneller als das menschliche Auge zu identifizieren und Sofortmaßnahmen einzuleiten.

Bei den Krankenhäusern der Zukunft wird es jedoch nicht nur um neue Technologien und Effizienzmaßnahmen gehen, bei denen immer fallweise zu prüfen ist, ob damit nicht zumindest die vorhandene Versorgungsqualität aufrechterhalten werden kann (oder sich sogar steigern lässt). Es geht auch um die Behebung von nahe liegenden Zumutungen in den Kliniken vor Ort. In einigen Krankenhäusern werden selbst im Nachtbetrieb Lärmbelästigungen für Patient*innen von 70 Dezibel und mehr gemessen, was dem Geräusch eines handelsüblichen Staubsaugers entspricht [23]. Die Aufenthaltsqualität − von Forschungen bestätigt, längst einer der wichtigsten Faktoren für eine schnelle Genesung − wird in einem Großkrankenhaus wie dem Karolinska University Hospital in Stockholm unter anderem dadurch verbessert, dass das ärztliche Personal ausschließlich über Piepser (und keine schrillen Smartphones) kommuniziert. Helle Glasarchitektur und eine Dauerausstellung mit Kunstwerken im Wert von 13 Mio. US-Dollar sollen aus dem Kranken- ein Gesundheitshaus machen. In der schwedischen Vorzeigeklinik spielt digitale Technologie ebenfalls eine wichtige Rolle: Patient*innen werden ab sofort alle mit Vital-Signs-Trackern ausgestattet. Und wenn das medizinische Personal vergessen haben sollte, vor Betreten des Raums die Hände zu waschen, wird das sofort über den digitalen Ausweis vermeldet.

Bei alledem sollte jedoch nicht verschwiegen werden, dass eine hoch gehandelte medizintechnologische Großinnovation wie IBMs Supergehirn Watson fast komplett von der Bildfläche verschwunden ist. Der Megarechner wurde in den vergangenen fünf Jahren als superintelligentes „Schweizer Messer" an vielen medizinischen Fronten gepriesen. Im Januar 2022 kündigte IBM an, Teile von Watson Health an die Private-Equity-Gesellschaft Francisco Partners zu verkaufen. IBM, das bereits seit einem Jahr einen Käufer für sein medizinisches Superhirn suchte, begründet den Verkauf mit einem Strategiewechsel. Insider betonen, dass Watsons bescheidene Erfolge und zu hohe Kosten zum Verkauf führten. IBM hatte das Projekt Watson Health 2015 mit ambitionierten Zielen gestartet. Vor allem bei Diagnosen sollte die Datenanalyse mit der KI-Software das Gesundheitswesen nachhaltig voranbringen – und dabei nebenbei auf dem E-Health-Markt satte Gewinne abwerfen [24].

Automatisierung wird bei der Planung von zukunftsfähigen Krankenhäusern in den kommenden Jahren trotzdem eine wichtige Rolle spielen. Einigen medizinischen Zukunftsplanern schwebt so etwas wie ein Check-in-Krankenhaus vor, das ein Gemisch aus moderner Flughafenarchitektur und teilautomatisiertem Budget-Hotel darstellt. Patient*innen checken am Self-Service-Counter ein, nutzen automatisierte Kiosksysteme für die Abgabe von Blut- oder Urinproben, während die Angehörigen via Smartphone über den Gesundheitszustand der Patient*innen auf dem Laufenden gehalten werden. Im Klinikum der Johns Hopkins University in Baltimore ist die Idee eines pflegerischen Hightech-Holodecks bereits Realität geworden. Mit mehr als 30 Bildschirmen ausgestattet, jede*r der verantwortlichen Ärzt*innen mit Kopfhörern vernetzt, werden tagtäglich bis zu 1100 Betten „gemanaged" [25].

Kaiser Permanente ist ein innovativer US-Krankenversicherer und Krankenhausbetreiber. Der gewinnorientierte Gesundheitskonzern zählt 12,2 Mio. Menschen zu seinen Kund*innen und erzielte 2021 einen Umsatz von 93,1 Mrd. US-Dollar. Kaiser betreibt insgesamt 39 Krankenhäuser, rund 700 Arztpraxen und beschäftigt mehr als 87.000 Ärzt*innen und Krankenpfleger*innen. Die Innovationsleistung des Konzerns ist fraglos gewinngetrieben. Digitalisierung und Dezentralisierung entsprechen dem Effizienzstreben einer Geldmaschine wie Kaiser Permanente. Zugleich, dafür ist Kaiser wirklich ein gutes Beispiel, lässt sich dabei die Versorgungsqualität steigern. Die Vision von einem Patient*innen-Monitoring in Realzeit (und ohne dass pro Bett oder Zimmer eine Pflegerin oder ein Pfleger abgestellt werden muss) wird in den Krankenhäusern von Kaiser Permanente immer realer. In der Kaiser Permanente Klinik in Oakland sind die Arbeitsabläufe auf der Neugeborenenstation mittlerweile so eingerichtet, dass die Pfleger*innen von Algorithmen und Sensoren benachrichtigt werden, wenn auf der Station irgendetwas Unvorhergesehenes eintritt. Sollte jemand versuchen, ein (über einen Barcode identifizierbares) Neugeborenes aus dem Zimmer zu tragen, geht sofort die ganze Station in den Lockdown.

Auch deshalb werden die Konzepte einer Dezentralisierung immer wichtiger, die darauf zielt, den Kostendruck auf das Gesundheitssystem substanziell zu reduzieren. Geht es gut, bleiben nur noch diese Dienstleistungen direkt beim zentralen Krankenhaus vor Ort, die das fachliche Wissen von einer ganzen Gruppe an Expert*innen erfordern. Dafür arbeiten progressive Kliniken weltweit heute schon daran, Patient*innen zu aktiven und mündigen Patient*innen zu erziehen, die Diagnose und Therapie immer häufiger aktiv mitgestalten. Bei einem Krankenhausanbieter wie Kaiser Permanente wird bereits seit Mitte der 2010er-Jahre knapp die Hälfte aller ärztlichen Dienstleistungen digital abgewickelt. Auch akut leidende Patient*innen müssen – dank verfügbarer Monitoringsysteme in Realzeit – nur noch dann den Weg in die Klinik antreten, wenn sich der Gesundheitszustand massiv verschlechtert.

Offenbar ist die Zeit, in der die Patient*innen zu Praxen und Krankenhäusern hin befördert werden mussten, definitiv vorbei. Gesundheit, das spüren viele Menschen und das lässt sich in der enormen Geschwindigkeit und an den gigantischen Umsätzen von Gesundheits-, Wohlfühl- und Ernährungstrends ablesen, ist eine Schlüsselressource in der Gesellschaft der Zukunft. Deshalb sollte jedem Einzelnen die individuelle Gesundheit mindestens so wertvoll sein wie die Vitalität des geliebten Haustiers oder die Intaktheit des vergötterten Autos. Durch neue Technologien, speziell durch die Möglichkeiten der medizinisch-therapeutischen Vernetzung (siehe Kap. 2: „Internet der Gesundheit"), könnte es in den 2020er-Jahren gelingen, die Rolle der Patient*innen zu verändern. Digitalisierung und Dezentralisierung sollten vor allem deshalb in Angriff genommen werden, damit aus den Patient*innen aktive Patient*innen werden oder Kunden-Patient*innen – idealerweise sollten sie so vom passiven Passagier in die Rolle des Co-Piloten wechseln. Es gibt viele Argumente dafür, dass die Gesundheit endlich zu den Patient*innen gebracht wird. Das klassische Krankenhaus ist dabei nur noch einer von mehreren wichtigen Knotenpunkten im Netz der datengetriebenen Gesundheitsversorgung von morgen.

Learnings

- **Künftig geht es zuallererst um Behandlungsqualität und nicht um räumliche Nähe:** Krankenhäuser werden nur dann zukunftsfähig, wenn wir uns als Gesellschaft von alten Mythen befreien. So ist das „kleine Krankenhaus ums Eck" per se keine Garantie für Qualität. Es braucht in Deutschland umgekehrt eine Qualitätsoffensive. Und das heißt, dass Patient*innen künftig schneller, möglichst effektiv und ihren Bedürfnissen entsprechend behandelt werden müssen. Und das lässt sich künftig immer besser auch auf digitalem Wege erreichen.

- **Digitalisierung und künstliche Intelligenz müssen in erster Linie der Patient*innen-Autonomie zuarbeiten:** Die Digitalisierung der Versorgung bietet grundsätzlich ein großes Potenzial für größere Patient*innen-Nähe. Gerade in einer alternden Gesellschaft gilt es, Patient*innen so lange wie möglich die Chance auf persönliche Autonomie und souveräne Lebensgestaltung im bekannten Lebensumfeld zu wahren. Auch dafür muss das Krankenhaus der Zukunft seine Mauern einreißen und nach Lösungen suchen, um mit den Gesundheitsdienstleistungen zum/zur Patient*in zu kommen.

- **Digitale Diagnostik ist jetzt schon schneller und präziser:** Digitalisierung besonders in Form von künstlicher Intelligenz wird – schneller als von vielen Expert*innen angenommen – künftig auch in den Notaufnahmen und Ambulanzen (Brennpunkte der aktuellen Krankenhauskrise) dafür sorgen, dass schneller und evidenzbasierter gehandelt werden kann. Mithilfe von künstlicher Intelligenz wird die Diagnose grundsätzlich schneller und sicherer, was jedoch nicht heißt, dass damit die menschliche Hand und das menschliche Auge abgelöst werden.

Literatur

1. Krankenhaus Barometer, Umfrage 2022, Deutsches Krankenhaus Institut (DKI). https://www.dki.de/sites/default/files/2022-12/Krankenhaus-Barometer%202022%20final.pdf
2. Deutsche Krankenhaus Gesellschaft. https://www.dkgev.de/dkg/presse/details/bundesregierung-muss-die-besondere-betroffenheit-der-kliniken-in-der-krise-erkennen-und-handeln/
3. https://ir.babylonhealth.com/news-events/press-releases/detail/5/babylon-a-world-leading-digital-first-value-based-care

4. Gupta Strategists: „No Place Like home. An analysis of the growing movement away from hospitals towards providing medical care to patients in their own homes", 2016. https://gupta-strategists.nl/en/research/no-place-like-home

5. Gupta Strategists, ebd.

6. Jens Baas, der Chef der Techniker Krankenkasse, hat das in einem Podcast der Wirtschaftswoche mit Nachdruck betont. Wirtschaftswoche-Podcast: „Chefgespräch": „Es geht ganz ehrlich gesagt sehr selten um den Patienten." https://open.spotify.com/episode/3mpGtl2wBCfaoHxGDwawfb?si=49042bb9b3444392

7. „Dieses Gejammer, das System sei kaputt gespart, ist einfach Quatsch", In: Zeit, 13. Dezember 2022. https://www.zeit.de/gesundheit/2022-12/krankenhaus-reform-karl-lauterbach-stationaere-behandlung-gesundheitssystem/komplettansicht

8. „Zukunft der Fallpauschalen. Online-Symposium: An den DRG wird wohl nur weiter rumgedoktert". In: Ärzte Zeitung, 3. Februar 2022. https://www.wiso-net.de/document/AEZO__c5c216f6ef761620134292988f9c53db501368a4

9. Zeit, Dezember 2022, ebd.

10. Ebd.

11. https://www.bundesgesundheitsministerium.de/presse/pressemitteilungen/bm-lauterbach-stellt-krankenhaus-kommission-vor.html

12. Webinar Grundlegende Reform der Krankenhausvergütung: Prof. Christian Karagiannidis Reformvorschläge, Deutsche Gesellschaft für Internistische Intensivmedizin und Notfallmedizin (DGIIN). https://www.youtube.com/watch?v=uKK-kRymn8k

13. Boris Augurzky et al.: Die Zukunft der Pflege im Krankenhaus: Forschungsprojekt im Auftrag der Techniker Krankenkasse, 2016. https://www.econstor.eu/bitstream/10419/141277/1/859784886.pdf

14. „Bundesgesundheitsminister Lauterbach stellt Krankenhaus-Kommission vor", Bundesgesundheitsministerium, 2. Mai 2022. https://www.bundesgesundheitsministerium.de/presse/pressemitteilungen/bm-lauterbach-stellt-krankenhaus-kommission-vor.html

15. Juliet van Wagenen: Cleveland Clinic Targets Telemedicine, Big Data and AI to Improve the Future of Care: The healthcare leader relies on digital platforms, a closer relationship with IBM to continue to fast-forward care." Health Tech Magazine, 10. April 2018. https://healthtechmagazine.net/

article/2018/04/cleveland-clinic-targets-telemedicine-big-data-and-ai-improve-future-care

16. Growth in outpatient care The role of quality and value incentives, Deloitte Insights 2018. https://www2.deloitte.com/content/dam/insights/us/articles/4170_Outpatient-growth-patterns/DI_Patterns-of-outpatient-growth.pdf

17. https://www.yumpu.com/en/document/view/18002526/download-our-comprehensive-lifestyle-180-guide-cleveland-clinic

18. Siehe Michael Porter, Elizabeth Teisburg: „Cleveland Clinic: Transformation and Growth 2015", Harvard Business School 2015.

19. Rana Foroohar: Homecoming. The Path To Prosperity In A Post-Global World, 2022.

20. Mark Hagland: „McKinsey Report: Nursing Shortage Will Become Dire by 2025", Healthcare Innovation, 18. Mai 2022. https://www.hcinnovationgroup.com/policy-value-based-care/staffing-professional-development/news/21268125/mckinsey-report-nursing-shortage-will-become-dire-by-2025

21. „Global Health Workforce Labor Market Projections for 2030", Weltbank 2016. https://documents1.worldbank.org/curated/en/546161470834083341/pdf/WPS7790.pdf

22. Project InnerEye – Democratizing Medical Imaging AI. https://www.microsoft.com/en-us/research/project/medical-image-analysis/

23. Claudia Tschabuschnig: „Bettruhe statt Daueralarm", Medi In Live, 7. September 2021. https://www.medinlive.at/wissenschaft/bettruhe-statt-daueralarm

24. Martin Bayer: „IBM verkauft Teile von Watson Health." Computerwoche, 24. Januar 2022. https://www.computerwoche.de/a/ibm-verkauft-teile-von-watson-health,3552540

25. „Ground Control to Major Growth in Hospital Command Centers: The number of hospitals running NASA-style Command Centers has increased from three to nine in one year – hospital executives say this is just the beginning", 1. Oktober 2021. https://www.gehealthcare.com/en-my/insights/article/ground-control-to-major-growth-in-hospital-command-centers

6

Können digitale Plattformen Krankenhäuser und Arztpraxen ersetzen? Gesundheit im Zeitalter von Apps und Algorithmen

Auch den weniger Technologieaffinen wird es nicht verborgen geblieben sein, dass Google, Amazon, Microsoft, Facebook und viele Big-Tech-Unternehmen mehr längst an der zukünftigen Gesundheitsversorgung – an den Institutionen der alten Gatekeeper vorbei – bauen.

Gemeinsam mit der Bank JPMorgan Chase und Warren Buffetts Beteiligungsgesellschaft Berkshire Hathaway startete Amazon 2018 das Projekt eines eigenen Unternehmens für die Gesundheitsversorgung der Mitarbeiter. Die Devise: „Move fast, break things!" Mit einem disruptiven Wurf sollte der wohlfahrtsstaatliche Muff der staatlichen Gesundheitsversorgung endgültig der Vergangenheit angehören. Doch das kühne Vorhaben, eine eigene Krankenversicherung für rund 1,6 Mio. Amazon-Mitarbeiter und die Banker und Berater von JPMorgan Chase und Berkshire Hathaway zur Verfügung zu stellen, ist krachend gescheitert. Was politisch nicht gelang und die Vereinigten Staaten während der Corona-Pandemie in den Notstand trieb, nämlich eine smarte Reformierung des Gesundheitssystems, misslang auch den Business- und Technologie-Gurus. Anfang 2021 wurde das Projekt mit dem Namen „Haven" eingestellt. Offenbar ist es doch nicht so leicht, so wurde von

E. Wenzel, *Megatrend Gesundheit: Wie Digitalisierung und Individualisierung unsere Gesundheitsversorgung revolutionieren*, Megatrends und Transformations-Management, https://doi.org/10.1007/978-3-662-68688-1_6

Beobachtern gemutmaßt, für den einfachen Amazon-Lagerarbeiter und die Management-Elite der Banken und Finanzierer eine ordentliche Krankenversicherung zu entwickeln.

Dessen ungeachtet bleibt die Gesundheit der Zukunft für Big Tech jedoch weiter ein zentrales Zukunftsthema. Daran wird auch der „Silicon Meltdown" [1] im Herbst 2022, bei dem Amazon die Entlassung von mehr als 18.000 Mitarbeitern ankündigte, nichts ändern.

Amazons Kauf von One Medical im Sommer 2022 für stattliche 3,9 Mrd. US-Dollar ist die drittgrößte Akquise des Megakonzerns und veranschaulicht, welche strategische Bedeutung die digitale Disruption der Gesundheit bei Amazon mittlerweile einnimmt. One Medical betreibt in den USA ein Netz von 182 Hausarzt-Filialen. Wer diese nutzen möchte, bezahlt 200 US-Dollar Mitgliedsgebühr und kann dafür praktisch rund um die Uhr virtuelle oder persönliche Ärzt*innenbehandlungen buchen. Darüber hinaus zählt One Medical rund 8000 Unternehmen zu seinen Kund*innen, deren Mitarbeiter das Gesundheits-Ökosystem nutzen.

Der als Online-Buchhändler gestartete Weltkonzern baut damit weiter an seinem gigantischen digitalen (und mitunter auch analogen[1]) Ökosystem. Und speziell im Gesundheitssektor strebt dieses Ökosystem immer mehr Größe und Einfluss an. Im Apothekenmarkt ist Amazon schon seit einiger Zeit aktiv. Bereits im Jahr 2018 hatte der Konzern für rund 770 Mio. Dollar die Versandapotheke Pill Pack gekauft, die erst „Pillpack by Amazon Pharmacy" hieß und seit 2020 als „Amazon Pharmacy" firmiert – eine komplette Arzneimittelversorgung im Netz. Deren Umsätze werden dank des Zukaufs einer Kette von verordnenden Haus-

---

[1]Amazon hat 2017 die US-Biosupermarkt-Kette Whole Foods Market gekauft und verkauft in mehr als 500 Läden in den USA, Kanada und Großbritannien Biolebensmittel. Angesichts der Inflation und hohen Preisen für Hochleistungselektronik hat der Konzern im vergangenen Jahr die aggressive Expansion von Amazon Go, einem kassenlosen Supermarktformat gestoppt. Bislang konnten Kund*innen in Nordamerika und Europa in 26 Filialen einkaufen; hohe Unterhaltungskosten und mäßige Kund*innen-Frequenz werden ebenfalls für den Expansionsstopp geltend gemacht. 4-Star, ein weiteres stationäres Ladenformat von Amazon (2000 Artikel), startete 2018 in New York und 2021 in Großbritannien. In dem Gemischtwarenladen können Kund*innen alles kaufen, was bei amazon.com mit vier Sternen oder besser bewertet wird. Expert*innen sehen für dieses Fotmat nur wenig Erfolgschancen; es diene lediglich dazu, Kund*innen ins digital weit verzweigte Amazon-Ökosystem zu locken.

arztpraxen von One Medical deutlich zulegen. Mehr bezahlt hat der welt-
größte Versandhändler nur für die Supermarktkette Whole Foods und
die legendären Filmstudios Metro-Goldwyn-Mayer (MGM).

Die Daten- und Marketing-Maschine Amazon ist damit endgültig als
einflussreicher Player im US-Gesundheitssystem gerüstet. Natürlich sind
die Gegebenheiten in den europäischen Gesundheitssystemen noch einmal komplett andere. Trotzdem verdichten sich auch Szenarien, die Amazon dabei sehen, als ebenso datenkompetenter wie datenhungriger Akteur in die europaweit gesetzlich geschützte Beziehung zwischen Patient*innen und Ärzt*innen respektive zwischen Patient*innen und
Krankenversicherung aggressiv zu intervenieren. Damit würde die
Gesundheitsversorgung endgültig marktliberalen Gesetzmäßigkeiten
unterworfen – die Abwesenheit von Krankheit als Gegenstand von De-
regulierung und geheim gehaltenen Algorithmen.

Die Konsequenz: Big Tech könnte sich auch hierzulande als disruptiver
Herausforderer auf verschiedenen Ebenen zu den klassischen Gesundheitsakteuren in Stellung bringen, denn: „It's all about data." Amazon, so
sähe ein Weg ins deutsche/europäische Gesundheitssystem aus, würde
zunächst einfach das tun, was Amazon immer tut: Algorithmen vor den
Nutzer*innen platzieren, Daten abschöpfen und daraus geschmeidige
Empfehlungssysteme für die Verbraucher*innen basteln: Sag Hallo zu
deinem/deiner Amazon-Ärzt*in. Natürlich taucht dabei sofort die Frage
auf, ob die europäischen „Gesundheitskonsument*innen" dem Amazon-
Empfehlungs-Algorithmus mehr zutrauen als ihrer Krankenkasse. Doch
wie wir wissen, vertrauen die Kunden-Patient*innen mittlerweile vielen
anderen Akteuren im Netz, da klingt der/die von Amazon empfohlene
Ärzt*in gar nicht so schlecht.

Doch Amazons Bestrebungen auf dem Zukunftsmarkt der Gesundheit
gehen noch weiter. Mit Googles Konzernmutter Alphabet rivalisiert Amazon auf dem Gebiet des Datenmanagements. Bekanntlich ist es Amazons
Cloud-Service (AWS), der in den vergangenen Jahren die sattesten Gewinne für den digitalen Handelsriesen eingefahren hat. Mit Amazon He-
althLake bietet der Konzern Speicherplatz speziell für Krankenkassen,
Versicherungs- und Pharmaunternehmen in Petabyte-Dimensionen
(1.000.000.000.000.000) an. Doch obwohl AWS hochgradig profitabel
ist und Google Cloud bislang deutlich hinterherhinkt, werden Alphabet/

Google von Expert*innenseite in den 2020er-Jahren die größten Rendite-chancen bei der Digitalisierung der Gesundheit eingeräumt [2].

Das liegt nicht zuletzt daran, dass Alphabet gegenwärtig mit Hochdruck versucht, Smartphone-Anwendungen auf dem Markt der proaktiven Gesundheit zu platzieren, die die Gadgets mittels Sensorik zu individualisierten Gesundheitsmanagern machen. Im Fokus stehen unter anderem Apps, die es erlauben, Herzprobleme oder Diabetes (fotografische Augapfel-Erkennung) mithilfe des eigenen Smartphones frühzeitig zu erkennen. Eine von künstlicher Intelligenz unterstützte Alphabet-Software soll es demnächst gestatten, dass Ultraschallaufnahmen auch von ungeschultem Personal durchgeführt werden können [3]. Auch hier: gigantische Investitionen nicht in Steine, sondern in Software, künstliche Intelligenz und Speicherplatz, um Marktanteile im Wettrennen um das (digitale) Krankenhaus der Zukunft zu sichern.

Die breit verankerte Technologieführerschaft und schier unendliche Mengen an Kapital von Big Tech alarmieren die etablierten Akteure der Gesundheitsversorgung schon seit Längerem. Doch der große Big-Tech-Backlash des Jahres 2022 mit Entlassungen von mehr als 120.000 Mitarbeiter*innen allein im Silicon Valley hat die Zukunftserwartungen in der Gesundheitsbranche verändert. Der lange erwartete Durchmarsch von Big Tech beim Aufbau von digitalen Gesundheitsplattformen wurde bereits vor der Entlassungswelle infrage gestellt und wird einer Befragung von Roland Berger zufolge nicht mehr als besonders wahrscheinlich angesehen. Gegenüber einer älteren Befragung des Beratungsunternehmens ist ein bisschen „der Lack bei den Big Techs ab". Auch deswegen wird der Einfluss des Silicon Valley geringer eingeschätzt [4]: *„Fewer people than last year expect the large consumer tech companies to dominate the market. Rather, the consolidation might be driven from within the healthcare space. In any case, we will likely see further consolidation in the period to 2025, with some players disappearing altogether."*

Eine erste wild wuchernde Wachstumsphase der Gesundheitsplattformen scheint damit zu Ende zu gehen. Die Konsolidierung kommt nicht – wie lange Zeit erwartet – von außen, sondern wird von den etablierten Gesundheitsakteuren inkrementell vollzogen. Auf der anderen Seite zeigen die oben beschriebenen Zukäufe und Innovationen ins-

besondere von Google und Amazon, dass personalisierte Gesundheitsdaten – in Verbindung mit künstlicher Intelligenz – eine neue Ära an
körperorientierten Gadgets und Dienstleistungen einläuten sollen.

Klar ist indes auch, dass die Rollen im System bis 2025 allesamt neu
definiert werden. Dann könnte zum Beispiel aus einem mittelständischen
Telemedizin-Anbieter, der während des Corona-Schocks erfolgreich digitale Sprechstunden eingerichtet hat, ein ernsthafter Anbieter von digitalen Diagnosen und Therapien werden. Von da aus ist es nicht ausgeschlossen, dass er Teil oder Integrator einer Online-Offline-Plattform
wird, die eine Blaupause oder den Teil einer Blaupause für das Krankenhaus der Zukunft liefert.

Was die Digitalisierung zuallererst verspricht, ist die zeit- und raumunabhängige Integration von Akteuren und Dienstleistungen. Darin
steckt ein großes Effizienzversprechen, woraus Plattformen entstehen
könnten, eine Vielfalt an Plattformen, Meta-Plattformen oder ganze
Ökosysteme für Gesundheitsdienstleistungen. An dieser Stelle kommt
dann wieder Big Tech ins Spiel. Einschlägige Silicon-Valley-Unternehmen
wie Facebook, Twitter, Amazon, Airbnb, Uber und viele andere haben
schon auf anderen Gebieten verstanden, dass der Zugang zu den Endkund*innen respektive den Kunden-Patient*innen oder wie immer man
die Gesundheitskonsument*innen der Zukunft bezeichnen möchte, ein
wichtiger Wettbewerbsvorteil ist.

Die Erwartungen an das nächste Level der Technisierung der Gesundheit waren die gesamten 2010er-Jahre hindurch sehr hoch. Ernüchterung
hat sich indes schnell breitgemacht. Stellvertretend dafür stehen die gescheiterten Projekte der Big-Tech-Konzerne Google und Microsoft, mithilfe von Plattform-Strategien den Gesundheitsmarkt im Handumdrehen
durch digitale Disruption neu zu organisieren. Google Health scheiterte
bereits im Jahr 2012 nach vier Jahren mit einer Plattformstrategie, während Microsoft zwischen 2007 und 2019 vergeblich versuchte, seine
„Health Vault" (Speicherung persönlicher Gesundheitsdaten) zu etablieren. Der simple Grund für das Scheitern: die einbezogenen Akteure,
Nutzer*innen und Anbieter*innen von Gesundheitsdienstleistungen
empfanden die Moderation des Netzwerks als ungenügend. Der bahnbrechende und in kurzer Zeit realisierte Erfolg von Apple bei der digitalen Disruption der Musikindustrie zu Beginn der 2000er-Jahre hat bei

vielen Silicon-Valley-Unternehmen Träume von der digitalen Disruption der Gesundheit in Rekordgeschwindigkeit wuchern lassen. Offenbar eine Fehleinschätzung.

Aber Zukunftsentwürfe und Reformanstrengungen stoßen erfahrungsgemäß vor allem gerade dann an Grenzen, wenn es einen „Strong Statusquo-Bias" in der Branche gibt. Der hochkomplexe und ineffiziente Gesundheitssektor erwies sich lange Zeit als zu große Herausforderung. Und das nicht zuletzt auch aus dem Grund, da die Mehrzahl der Akteure in den Gesundheitssystemen durchaus gut von dem „ruckeligen" System leben konnte, wie es Jens Baas, Chef der Techniker Krankenkasse, formuliert [5]. Schauen wir uns nur einmal die Geschichte der Gesundheitsreformen in der Bundesrepublik an, muss konstatiert werden, dass die (vergeblichen) Reformversuche seit der Nachkriegszeit kein Ende nehmen. Die Erwartungs-Trias aus „Qualität steigern, Zugang zu mehr Gesundheit ermöglichen bei gleichzeitiger Kostenreduktion und Effizienzsteigerung" scheint sich als schlechterdings unlösbare Gleichung herauszustellen.

Auch wenn der Durchmarsch von Big Tech ausgeblieben ist. Klar ist: Zu der Vision eines „Krankenhauses ohne Mauern" wird künftig auch das Konzept der digital organisierten Gesundheitsplattformen [6] gehören. Gesundheitsversorgung, so die Idee, muss

- die Patient*innen des 21. Jahrhunderts auf andere Weise – digital – ansprechen,
- allen Akteuren einen freieren Wissenszugang eröffnen,
- die Versorgungslage verbessern,
- die Zufriedenheit aller Akteure im System steigern
- und womöglich sogar ein neues revolutionäres Geschäftsmodell in Aussicht stellen.

Die Berater der Boston Consulting Group haben eine interessante Analyse des Misslingens von Google und Microsoft vorgelegt [7]. Es gibt gerade aufgrund der hohen Regulierungsdichte vieler Segmente innerhalb der Gesundheitsversorgung kaum einen komplexeren Markt als Gesundheit und Medizin. Tatsächlich könnte ein wichtiger Hebel, um in den kommenden Jahren der globalen Gesundheitsversorgung ein nachhaltiges Konzept angedeihen zu lassen, zuallererst in der Lösung einer kniffligen Kommunikationsaufgabe bestehen. Laut dem Fachorgan *The Lancet* tragen misslingende Kommunikation zwischen den Akteuren (Versicherungen, Nutzer*innen, Ärzt*innen, Gesetzgeber*innen), fehlende Transparenz zwischen den Sektoren und desorganisierte Patient*innenversorgung dazu bei, dass weltweit 25 % mehr Geld in die Gesundheit gesteckt wird, als eigentlich notwendig wäre [8].

Was im 21. Jahrhundert eine Selbstverständlichkeit sein sollte, ist jedoch in vielen Zweigen der Gesundheitsversorgung längst noch nicht der Fall: eine funktionierende Gesundheitsplattform sollte eine grundsätzlich digitale Architektur haben, damit die Vielzahl an Akteuren, Geldflüssen und Datenquellen im System koordiniert werden kann. Um aus dem Scheitern von Google und Microsoft mit Gesundheitsplattformen zu lernen, sollte für jede funktionierende Plattform die Rolle des/der Organisator*in, Moderator*in oder Orchestrator*in klar definiert werden. Die Forscher*innen von Boston Consulting definieren die Rolle in etwa so:

1) Diese*r Moderator*in muss ein essenzielles Interesse an der Plattform haben, folglich sollte sie wichtige Ressourcen wie eine hohe Nutzer*innen-Reichweite oder eine starke Markenidentität von Beginn an deutlich sichtbar einbringen.
2) Die zentrale Rolle der Moderator*in sollte des Weiteren dadurch gekennzeichnet sein, dass robuste Kontakte zu den eingeladenen Akteuren bestehen.
3) Zielstellung und Gewinninteressen sollten im Voraus klar kommuniziert werden, die die zu erwartenden hohen Startkosten der Plattform rechtfertigen.
4) Gegenüber den Mitnutzer*innen des Ökosystems sollte klargestellt werden, dass es um den Aufbau eines kooperativen Netzwerks und nicht vordringlich um ein kompetitives Umfeld geht.

Die Aufregung um Plattformunternehmen wie Uber, Amazon, Alibaba, Airbnb, Facebook, Google und viele mehr gründete in den vergangenen Jahren darauf, dass nichts Geringeres als eine Revolution der Wertschöpfung in Aussicht gestellt wurde. Plattformunternehmen, so schien es, müssen ein originelles Geschäftsziel (günstige Beförderung von A nach B, erschwingliche Übernachtungen in Privatunterkünften) und eine möglichst begeisterte und zahlreiche Online-Community zur Verfügung stellen, um in kürzester Zeit globale Märkte im Sinne der eigenen Geschäftsidee auf den Kopf zu stellen. Der Clou dabei: Solche digitalen Unicorns brauchen nicht einmal mehr Autos anzuschaffen, um mit der Personenbeförderung Geld zu verdienen; sie brauchen – wie im Fall von Facebook – nicht einen einzigen Redakteur anzustellen, um mit journalistischen Inhalten (anderer Medien) Milliarden US-Dollar durch Online-Werbung zu verdienen.

Eine im Kern postmaterielle Ökonomie, die auf digitaler Vernetzung fußte und deren banale Grundlagen in funktionierenden Servern und einer hochgejazzten Nutzer*innen-Reichweite bestanden, schien für einige Zeit an cooler Eleganz nicht mehr zu überbieten zu sein. Bei genauerem Hinsehen entpuppten sich viele der Plattformgiganten jedoch als clever taktierende Monopolisten, die sich mögliche Konkurrenz durch gut gefüllte Kriegskassen einverleiben. Oder sie machen sich – ganz wie ihre „Old-School"-Vorgänger – stark von bestimmten Nutzer*innen-Gruppen abhängig (wie Airbnb vom Markt der Geschäftsreisenden).

Die Inflation des Jahres 2022 hat darüber hinaus gezeigt, dass die ach so eleganten *Business Models* wie die von Facebook, Amazon und Google auf unseriöse Weise von einer Erlösquelle wie dem Online-Werbeverkauf abhängen und in Krisenzeiten ähnlich volatil sind wie klassische Industrieunternehmen. Uber brüstete sich damit, Bußgelder und Lobbying als Geschäftsausgaben eingepreist zu haben, und agierte in vielen anderen Feldern stets am Rande der Legalität. Jetzt in der Inflation laufen dem Unternehmen die Fahrer (die für Treibstoff selbst aufkommen müssen) und die Kund*innen davon, weil eine 20-minütige Fahrt durch San Francisco mehr als 100 US-Dollar kostet [9].

Wenn wir hier das Konzept der Plattform-Ökonomie für die Gesundheitsversorgung der Zukunft diskutieren, dann liegt der Fokus woanders. Nämlich bei den Chancen, die sich aus Digitalisierung und Vernetzung für ein zukunftsfähiges Gesundheitssystem ergeben können (oder auch nicht).

Gerade in der Gesundheitsversorgung brauchen Ökosysteme ein klares Wertversprechen. Ein mit hohen Erwartungen gestartetes Ökosystem wie Driver beispielsweise (eine Plattform für Krebspatient*innen und ihre Angehörigen) musste 2018 aufgeben, weil es einfach zu schnell und richtungslos gewachsen war. Driver wuchs quasi als amphibische Plattform: digital und analog. Schnell wurden auf der Plattform nützliche Daten zur Verfügung gestellt, die Reichweite wuchs rasant; mehrere Apps für Patient*innen und Ärzt*innen wurden in kurzen Abständen gelauncht; Labore eröffneten in den USA und in China. Eine Finanzspritze in Höhe von 80 Mio. US-Dollar steigerte den Erfolgsrausch. Doch Driver übernahm sich und erreichte seine wirtschaftlichen Ziele nicht. Der Abo-Preis für den Zugang zum Ökosystem war offensichtlich zu hoch kalkuliert [10].

Einfache beziehungsweise zu einfache Erfolgsindikatoren können zum Absturz von hochfliegenden Erwartungen führen. Hohe Nutzer*innen-Reichweiten – zu Beginn des Social-Media-Plattform-Hypes das Erfolgsgeheimnis schlechthin – können sich als fataler Irrtum erweisen. Und häufig ist es vielmehr die Qualität der Inhalte und der Kommunikation, die zum Erfolg führt. In der Regel sind kleine Schritte und klares Nutzenversprechen der bessere Weg. Bei sensiblen Themen wie der Gesundheit (beziehungsweise dem Umgang mit Krankheiten) trifft das umso mehr zu. Die Berater von Boston Consulting erwähnen als positive Fallbeispiele hier die Seite PatientsLikeMe (https://www.patientslikeme.com/), eine Plattform für Menschen mit seltenen Krankheiten (EHR), der es gelingt, trotz des komplexen Themas und der globalen Reichweite User*innen nachhaltig an sich zu binden [11]. Das Erfolgsrezept: Die Plattform der seltenen Krankheiten hat mehr als 2800 Krankheitszustände identifiziert, den Umgang der Leidenden mit ihrer Krankheit transparent gemacht und bietet dazu passgenaue Hilfestellungen, Ärzt*innenkontakte etc. an. PatientsLikeMe gilt mit seinen 850.000 Abonnent*innen als eines der größten Gesundheits-Ökosysteme weltweit, das auf überzeugende Weise personalisierte Angebote macht.

Die Plattform Good Doctor des chinesischen Versicherungsunternehmens Ping An startete bereits im Jahr 2014 und nutzte schon früh Netzwerkeffekte. Gestartet wurde das Ökosystem von sage und schreibe 200 Spezialisten für künstliche Intelligenz, denen die Daten von 400 Mio. ärztlichen Konsultationen zur Verfügung standen. Ping An vermochte es im Gegensatz zu vielen Plattformideen, seine gigantische Datenbasis zu nutzen. Schnell ließen sich Datenbestände von mehr als 3000 Erkrankungen anhäufen; es gelang, überzeugend nachzuweisen, dass sich durch die enorme Datendichte auf der Plattform die Wirksamkeit der Behandlungs- und Beratungsprozesse verdoppelte und die Zahl der Fehldiagnosen signifikant gesenkt werden konnte. In dem kurzen Zeitraum zwischen 2017 und 2020 (bedingt also auch durch den Digital-Boom in der Corona-Pandemie) konnte Good Doctor seine Abonnent*innen-Basis von 193 Mio. auf 346 Mio. Nutzer*innen steigern [12].

Doctolib, eine französisch-deutsche Plattform für ärztliche Online-Buchungen, wählte einen bescheideneren Weg. Im Jahr 2013 mit einem simplen Nutzversprechen (Online-Buchungen von Ärzt*innen, Suche nach medizinischen Spezialisten) gestartet, expandierte das Projekt – verglichen mit Ping An – im Schneckentempo zunächst in einzelne Departments in Frankreich. Die ersten Erfolge machten die Expansion nach Deutschland naheliegend, wo Doctolib in Berlin startete. Die Buchungsplattform ist für Patient*innen kostenlos; Ärzt*innen zahlen für die Registrierung auf der Plattform monatlich 129 €. Auf Basis dieses nachhaltigen Konzeptes etablierte sich Doctolib als eines der wenigen europäischen Gesundheits-Unicorns und erreichte im vergangenen Jahr einen Unternehmenswert von einer Milliarde US-Dollar; die Plattform wird mittlerweile von mehr als 300.000 Ärzt*innen in Frankreich und Deutschland genutzt [13].

Learnings

- **Big Techs zweiter Anlauf:** Amazon, Google, Microsoft, Apple und noch einige Big Techs mehr haben den Gesundheitsmarkt nicht im Handstreich erobert. Die enormen Investitionen, die offensichtlichen Innovationsdefizite in der Gesundheitsversorgung und der technologische Strukturwandel durch Digitalisierung respektive künstliche Intelligenz spricht allerdings dafür, dass Big Tech in der Gesundheit für sich weiterhin einen der relevantesten Wachstumspfade der kommenden Jahre sieht.
- **Ökosysteme als Katalysatoren für Personalisierung und Deep Support:** Digitale Ökosysteme sind innerhalb der Gesundheitsversorgung keine Selbstläufer. Nutzer*innen-Reichweiten sind keine *apriori* Erfolgsindikatoren. Plattformen sind eine grundlegend neue Kommunikationsaufgabe und ohne neu definiertes Führungsverhalten kaum umsetzbar. Für die digitalen Ökosysteme gibt es keine Patentrezepte. Als Innovation

beginnen sie dann tatsächlich produktiv zu werden, wenn sie den Patient*innen Zusatznutzen und – speziell bei chronisch Kranken – „tiefe Unterstützungsdienstleistungen" (Deep Support [14]) liefern.

- **Endgame zwischen Algorithmen und individueller Freiheit:** Vonseiten der Plattformanbieter*innen sind der entscheidende Faktor in den digitalen Ökosystemen ohne Frage die Patient*innendaten. Sie sind der Rohstoff, an dem sich der Weg der Gesundheitsversorgung in den kommenden Jahren entscheidet. Die Frage ist, wer der Treuhänder der Patient*innendaten in der Zukunft ist. Patient*innen müssen über ihre Daten souverän verfügen können. Amazons Vorstoß in den USA mit der Akquise von Arztpraxen, Apotheken, Krankenhäusern und -versicherungen zeigt, dass Big Tech die Schnittstellen Patient*innen/Ärzt*innen, Patient*innen/Versicherer kontrollieren möchte. Hiervon hängt ab, ob Gesundheit – die individuelle Gesundheit jedes Menschen – algorithmisiert und kommerzialisiert wird. Es versteht sich von selbst, dass dabei auch die Autonomie des Individuums in der Zukunft auf dem Spiel steht [15].

Literatur

1. Eike Wenzel: Die 8 Takeaways vom „Silicon Meltdown", 25. November 2022. https://www.zukunftpassiert.de/2022/11/25/8-takeaways-vom-silicon-meltdown/
2. Siehe u. a. Volker Richert: „AWS ist profitabel, Google Cloud defizitär". Inside IT, 10. März 2022. https://www.inside-it.ch/aws-ist-profitabel%2C-google-cloud-defizitaer
3. „Alphabet (GOOGL) Boosts Healthcare Efforts With Recent Plans". Yahoo Movies, 25. März 2022. https://uk.movies.yahoo.com/alphabet-googl-boosts-healthcare-efforts-151703723.html
4. Roland Berger (2020) Future of health 2. The rise of healthcare platforms, 2020. https://e-health-com.de/fileadmin/user_upload/dateien/Downloads/Roland_Berger_Future_of_health_2_-_The_rise_of_healthcare_platforms.pdf
5. Wirtschaftswoche-Podcast „Chefgespräch": „Es geht ehrlich gesagt, ganz selten um den Patienten", November 2022. https://open.spotify.com/episode/3mpGtl2wBCfaoHxGDwawfb?si=94ba92d891ec4731
6. Value Based Healthcare. https://www.isc.hbs.edu/health-care/value-based-health-care/Pages/default.aspx

7. Ulrich Pidun et al.: „The Untapped Potential of Ecosystems in Health Care", 1. April 2021. https://www.bcg.com/publications/2021/five-principles-of-highly-successful-health-care-ecosystems

8. Ebd.

9. Marie-Astrid Langer: „Fahrermangel, steigende Benzinpreise und nun ein Whistleblower: Uber steckt tief in der Krise". Neue Zürcher Zeitung, 13. Juli 2022. https://www.nzz.ch/technologie/uber-in-der-krise-der-whistleblower-ist-das-kleinste-problem-ld.1693385

10. „Report: Cancer clinical trials tech startup Driver shutters two months after launch". Med City News, 12. November 2018. https://medcitynews.com/2018/11/report-cancer-clinical-trials-tech-startup-driver-shutters-two-months-after-launch/

11. Boston Consulting, ebd.

12. „Ping An Unveils Health Care Ecosystem Strategy – A Growth Engine for the Group Empowered by World-leading Healthtech", 23. September 2020. https://group.pingan.com/media/news/News-2020/Ping-An-Unveils-Health-Care-Ecosystem-Strategy.html

13. Romain Dillet: „DoctoLib Is Now Used By More Than 300.000 Doctors And Medical Workers". Techcrunch, 10. Januar 2022. https://techcrunch.com/2022/01/10/doctolib-is-now-used-by-300000-doctors-and-medical-workers/?guccounter=1&guce_referrer=aHR0cHM6Ly9kZS53aWtpcGVkaWEub3JnLw&guce_referrer_sig=AQAAAC_Gbrh6WiF_P2YrddSM4QUflG3PX7y_n_vJ3267dqddQkZsQMPu7zlTHvK6oOL8CVNAjTJGVjiSvycjPp6s4VzOjMDZoIKXWsJwiBJD7AbS5Sx4yuvAR9am0EApwGgltzJ8lDxcOqjHVKx2tgap1SJLSXDqKb5pR8C7vUiwbEPQ

14. Shoshana Zuboff: The Support Ecomomy. https://shoshanazuboff.com/book/books/the-support-economy/

15. Eike Wenzel: „Algorithmen könnten Krankheiten abschaffen, aber auch unsere Freiheit. Auf dem Gesundheitsmarkt der Zukunft geht es um Daten und Kostenreduzierung. Doch für die digitale Körperkontrolle zahlen wir einen hohen Preis". Handelsblatt, 10. Februar 2020. https://www.handelsblatt.com/meinung/gastbeitraege/expertenrat/wenzel/expertenrat-eike-wenzel-algorithmen-koennten-krankheiten-abschaffen-aber-auch-unsere-freiheit/25519158.html

7

Telemedizin: Mit simplen Technologien in die dezentrale Zukunft der Gesundheit

Telemedizinische Anwendungen brauchen lediglich eine Internetverbindung sowie einen Bildschirm mit Kamera, Mikrofon und Lautsprecher. Es ist in der Regel nicht einmal eine spezielle Software erforderlich. Auch die Ärzt*innen, die sich in Quarantäne begeben müssen, bleiben mithilfe der Telemedizin weiter handlungsfähig und können ihren Patient*innen helfen.

So avancierte die Corona-Krise zum Katalysator für Telemedizin. Mit einem Mal wurde deutlich, dass die Telemedizin in der Krise einen wertvollen Mehrwert schafft. Ohnehin scheinen die Verbraucher*innen, zumindest in den USA, Telemedizinlösungen gegenüber durchaus aufgeschlossen zu sein. Fast 70 % würden die bei einer Videosprechstunde erhobenen Daten sogar an ihre Krankenkasse weiterleiten, wenn sie dafür weniger Versicherungsprämie zahlen müssten [1]. Hierzulande wäre dazu laut Umfragen immerhin jeder Dritte bereit. Seit 2020 hat das Digitalgesetz [2] im Gesundheitsbereich weitere Zulassungshürden abgebaut. So dürfen Ärzt*innen jetzt auf ihren Webseiten darauf hinweisen, dass sie Online-Sprechstunden anbieten. Außerdem wurde grünes Licht dafür erteilt,

E. Wenzel, *Megatrend Gesundheit: Wie Digitalisierung und Individualisierung unsere Gesundheitsversorgung revolutionieren*, Megatrends und Transformations-Management, https://doi.org/10.1007/978-3-662-68688-1_7

dass die Aufklärung und Einwilligung der Patient*innen für eine telemedizinische Behandlung direkt in der Videosprechstunde erfolgen kann.

In Deutschland standen zu Beginn von Corona schnell mehr als zwanzig Start-ups und auf Gesundheit spezialisierte Technologieunternehmen bereit, um in die Zukunft der Telemedizin durchzustarten. Das Münchner Unternehmen TeleClinic beispielsweise war bislang ausschließlich im Bereich der privaten Krankenversicherung mit seiner Videosprechstunde vertreten. Mittlerweile hat das Unternehmen jedoch auch in Baden-Württemberg in einem Telemedizinprojekt mit der dortigen Kassenärztlichen Vereinigung Erfahrungen gesammelt. Für das Pandemie-Jahr 2020 verzeichnete die TeleClinic 6000 Online-Beratungsgespräche pro Monat und sollte nach eigenen Angaben schnell die Marke von 100.000 Patient*innen knacken.

Auf vielen deutschen Telemedizin-Portalen lassen sich mittlerweile auch Rezepte und Medikamente online bestellen. Das geht so: Der Patient hält seine Versicherungskarte in die Kamera und wird auf diese Weise identifiziert. Im Anschluss an die Fernbehandlung erstellt die Ärztin oder der Arzt das Rezept und verständigt die von den Patient*innen bevorzugte Apotheke. Die Apotheke erhält das Rezept und liefert die Ware direkt an die Patient*innen. Die Patient*innen brauchen also weder für die Sprechstunde noch für die Beschaffung von Rezept und Medikament das Haus zu verlassen [3].

Um den Start in die Telemedizin zu beschleunigen, konnten Ärzt*innen während der Pandemie eine Technikpauschale beantragen und erhielten für die ersten 50 Videosprechstunden im Quartal je zehn Euro mehr als für ein persönliches Gespräch in der Praxis. Auch die bis dahin festgelegte Begrenzung der Online-Konsultationen auf maximal 20 % aller Patient*innenkontakte wurde in der Pandemie vorübergehend ausgesetzt. Der nächste wichtige Schritt für den Zukunftsmarkt der Telemedizin wird die flächendeckende Einführung des E-Rezepts Ende 2022 sein [4]. In fünf Jahren, davon gehen die deutschen Krankenkassen mittlerweile aus, wird jede fünfte Behandlung per Videosprechstunde erfolgen.

China versus USA: Unterschiedliche Erfahrungen mit Telemedizin
In China hat der Corona-Ausbruch den Zukunftsmarkt der Telemedizin ebenfalls deutlich nach vorne gebracht. Im Jahr 2020 wurden dort laut

„Economist" Umsätze in der Telemedizin in Höhe von 29 Mrd. US-Dollar erzielt. Zum Vergleich: Vor dem Corona-Ausbruch wurde für das laufende Geschäftsjahr ein Umsatz von 23 Mrd. US-Dollar prognostiziert [5] Und bereits im September 2020 meldete der „Ping An Good Doctor", die Medizin-App einer chinesischen Krankenversicherung, dass 300 Mio. Bürger*innen des Reichs der Mitte die App benutzen, ein Drittel der erwachsenen Bevölkerung. Über die App baute Ping An während der akuten Krise ein „Antivirus Command Centre" auf, mit dessen Hilfe Schutzmasken im ganzen Land verteilt wurden. Marktbeobachter gehen davon aus, dass in China mittlerweile mehr als 1000 Telemedizinfirmen tätig sind.

Natürlich haben auch Chinas Technologiegiganten den Zukunftsmarkt der Telemedizin entdeckt. Chinas E-Commerce-Titan Alibaba stellte über Ali Health eigens für die vom Corona-Lockdown früh betroffene Stadt Hubei eine „Online-Klinik" zur Verfügung [6]. Innerhalb von fünf Tagen wurden dort via Telemedizin 100.000 Menschen betreut. Der WeDoctor, die Medizin-App des Technologiekonzerns Tencent, bewegte in der Krisensituation 20.000 Ärzt*innen, ihre Kompetenz in Internetsprechstunden kostenlos zur Verfügung zu stellen.

Die Investition, davon gehen die meisten Beobachter aus, wird sich nach der Pandemie auszahlen: Menschen, die nach ärztlicher Hilfe suchen, wissen jetzt, dass es schnelle ärztliche Hilfe im Internet gibt. Corona hat hier in der Extremsituation der Pandemie in kurzer Zeit Gewohnheiten verändert. Gestresste und unterbezahlte chinesische Ärzt*innen verlassen Kliniken und wandern in die Telemedizin ab und die Aktien von Unternehmen wie Ping An Healthcare (plus 33 %) und Ali Health (plus 74 %) waren zumindest in der ersten Coronaphase mit Frühlingsgefühlen unterwegs.

Auch in den USA setzte Ende März 2020 mit Ausbruch der Corona-Epidemie der Run auf die Telemedizin ein. Große Anbieter wie TelaDoc, Humana, OneMedical oder AmWell wurden überrannt und mussten ihre Nutzer in bis zu 20-stündige Warteschleifen schicken [7]. Gezeigt hat sich in den ersten Tagen, dass die Ferndiagnostik in der Not speziell Menschen mit Vorerkrankungen helfen kann und Arztpraxen und Krankenhäuser entlastet. Zwischenzeitlich wurden händeringend mehr als tausend Ärzt*innen für die boomende Fernbehandlung gesucht. Sie können entweder zusätzlich zu ihrer ärztlichen Tätigkeit digitalen Dienst tun oder gar in Vollbeschäftigung in die Telemedizin einsteigen.

Der Aufbruch in der Digitalisierung unserer Gesundheitssysteme, das zeichnete sich als nicht unwichtiger Nebeneffekt der Corona-Krise ab, wird ein entscheidender Schritt bei dem Wandel hin zu einer digital gesteuerten Gesellschaft sein. Bei der Digitalisierung von Gesundheit geht es um Videosprech- stunden, digitale Krankschreibungen, aber in den nächsten Jahren auch um die Analyse klinischer Daten mithilfe künstlicher Intelligenz. Die akute Gesundheitskrise der Pandemie vor unserer Haustür hat endgültig das Tor zur digitalen Ökonomie in vielen neuen Lebensbereichen aufgestoßen.

Wer sich für den Zukunftsmarkt der Telemedizin starkmacht, der fordert zugleich, dass mittelfristig ärztliche Versorgung und medizinisches Wissen auf übergreifende Gesundheitsplattformen verlagert wird. An einer solchen Plattform arbeitet das Bundesland Nordrhein-Westfalen unter dem Titel „virtuelles Krankenhaus" [8]. Eine digitale Plattform bündelt die Fachexpertise landesweit und macht Anwendungen wie Telekonsile (digitale Befundung), elektronische Visiten und Videosprechstunden zugänglich. Über das telemedizinische Ökosystem wird so sichergestellt, dass die im Land verteilte Expertise medizinischer Spitzenzentren für alle Menschen vor Ort gleichermaßen verfügbar ist.

Nach dem Ausbruch von Corona hat das „virtuelle Krankenhaus" in Nordrhein-Westfalen schnell reagiert. Durch die Plattform konnten Ärzt*innen vor Ort direkt auf die Expertise der beiden Unikliniken Aachen und Münster zugreifen. Das machte es möglich, bei schweren Krankheitsverläufen das Behandlungsniveau in den Krankenhäusern im Land auf Maximalversorgungsniveau zu halten. Und wichtiger noch: In Nordrhein-Westfalen konnte die Zahl der Intensivbetten zügig mithilfe des virtuellen Krankenhauses auf Basis angemessener Expertise aufgestockt werden. Telemedizin hilft Menschenleben retten.

Für die weitere Entwicklung in der Telemedizin geht es vordringlich um – wer hätte das gedacht – datenrechtliche Fragen. Um beispielsweise den Begehrlichkeiten der Big-Tech-Riesen aus den USA zu begegnen, muss unter anderem die Frage beantwortet werden, wie medizinische Daten (anonymisiert, aggregiert und unter Wahrung der Persönlichkeitsrechte durch eine Datenschutz-Grundverordnung) genutzt werden können.

Deutschland hat sich mit der Digitalisierung seines Gesundheitssystems sehr viel Zeit gelassen. Doch Ende 2018 wurde auf dem Ärztetag das berufsrechtliche Fernbehandlungsverbot gelockert. Seitdem können

Ärzt*innen Videosprechstunden abhalten und Medizin-Apps verschreiben. Seit Corona ist es selbstverständlich, dass sich Bürger ärztliche Hilfe im Netz holen.

Die folgenden Trends werden in den nächsten Monaten und Jahren den Zukunftsmarkt Telemedizin besonders antreiben:

1. **Zertifizierte Medizin-Apps entlasten Ärzt*innen und Krankenkassen:** Das sind nicht die uns allen geläufigen Fitness-Apps, sondern Programme, die dem Medizinproduktegesetz (MPG) unterliegen und entsprechend zertifiziert werden. Ein Beispiel für eine zertifizierte App ist „M-Sense", eine digitale Migränetherapie. Die Anwendung bietet ein interaktives Kopfschmerztagebuch, das bei der Analyse persönlicher Schmerzmuster hilft. Das In-App-Therapiemodul „M-Sense Active" enthält Funktionen für eine wirksame Reduzierung von Schmerzattacken und verspricht die Verringerung der Einnahmehäufigkeit von Schmerzmitteln. Seit 2020 können Ärzt*innen in Deutschland solche Apps verschreiben. Die Kosten übernimmt die gesetzliche Krankenversicherung.

2. **Telemedizin überwindet Sektorengrenzen:** Ein weiterer Vorteil der Telemedizin, der über die Corona-Krise hinaus relevant ist: In strukturschwachen Regionen kann Telemedizin die wenigen überlaufenen Arztpraxen vor Ort entlasten. Lange Anfahrtswege fallen weg und die Patient*innen laufen nicht Gefahr, sich im Wartezimmer untereinander anzustecken. Aber auch für professionelle Abläufe im Arztsystem ergeben sich Vorteile: Beispielsweise können sich die Expert*innen per Videochat schneller und effizienter untereinander austauschen. Bislang war das nur innerhalb der einzelnen Sektoren im Gesundheitssystem möglich. Das neue Digitalgesetz gestattet es mittlerweile, auch zwischen Praxis und Krankenhaus den unkomplizierten digitalen Weg zu nutzen. Wenn sich die Ärzt*innen untereinander abstimmen, entfallen für die Patient*innen im Idealfall lange Anfahrtswege und Wartezeiten bei Spezialisten.

3. **Japan: Mehr Datenkontrolle für die Bürger*innen:** Die Digitalisierung der Gesundheit verspricht, dass die Bürger*innen mehr Kontrolle über ihre Gesundheitsdaten erhalten. Ein Land wie Japan prescht hier vor. Die Stadt Kobe stellt ihren Bürger*innen etwa eine App zur Verfügung, mit der sie über das Smartphone auf ihre persönlichen Gesundheitsakten (PHR) zugreifen können [9]. Sie soll den

Bürger*innen mehr Kontrolle über ihre eigene Gesundheit gewährleisten, indem sie eine Fülle von Informationen wie Ergebnisse von Krebsvorsorgeuntersuchungen oder spezielle Check-ups in einer übersichtlichen Form zur Verfügung stellt, die wiederum um Daten wie Schlafgewohnheiten ergänzt werden, die die Nutzer*innen freiwillig zur Verfügung stellen können.

4. **Fragwürdige Innovation – verschreibungspflichtige Medikamente auf digitalen Trampelpfaden:** Wie bei allen Innovationen entstehen auch in der Telemedizin Grauzonen, die nach schneller politischer und ethischer Klärung verlangen. Im Zentrum dieses eher fragwürdigen Trends steht unter anderem ein Start-up wie der Fernarzt.com. Über die Seite können Verbraucher*innen verschreibungspflichtige Medikamente bestellen. Sie müssen dazu einen Online-Fragebogen ausfüllen, der an einen Partnerarzt in England weitergeleitet wird. Der stellt das Rezept aus; über eine Partnerapotheke in den Niederlanden wird schließlich das Medikament an die Kund*innen versendet. In dem schnell wachsenden Markt der Telemedizin wird ein solches Vorgehen nicht der letzte Streitfall bleiben.

Best Practice Teladoc: Telemedizin-Pionier sieht den Tipping-Point

Da sich während der Pandemie nicht nur in den USA viele Menschen von Krankenhäusern und Arztpraxen fernhielten, um eine Ansteckung zu vermeiden, konnte Teladoc bereits Anfang März 2020 bekannt geben, dass das Patient*innenbesuchsvolumen von Woche zu Woche um 50 % ansteige. Teladoc registrierte in der Woche vom 9. bis zum 13. März rund 100.000 Patient*innenbesuche allein in den Vereinigten Staaten. Besonders interessant dabei: Mehr als die Hälfte der Besuche in dem Corona-Monat wurden von Erstnutzer*innen abgestattet. Teladoc bietet seine Dienste auch in Europa, Lateinamerika und Asien an. Die Führungsriege von Teladoc sieht in der Corona-Krise den Tipping-Point, auf den man lange gewartet habe: „Die Nachfrage nach virtueller Versorgung hat sich für immer verändert und wir stehen kurz vor einer neuen Ära der virtuellen Versorgung im Gesundheitswesen", erklärte Jason Gorevic, CEO des Unternehmens, Ende März 2020 gegenüber CNBC. Ende 2020 vermeldeten die Plattformen von Teladoc Health in den Vereinigten Staaten 51,8 Mio. Mitglieder, das entspricht einer Steigerung von 41 % im Vergleich zum Vorjahr. Teladoc Health erzielte im Geschäftsjahr 2021 einen Umsatz von 2,03 Mrd. US-Dollar, dabei wurde ein Jahresfehlbetrag von -429 Mio. US-Dollar ausgewiesen.

Best Practice Fresenius: Von der Krankenhausträgerschaft zur Telemedizin-Plattform

Fresenius ist ein international tätiger Gesundheitskonzern, der Produkte und Dienstleistungen für Krankenhäuser und die ambulante medizinische Versorgung von Patient*innen, vor allem für Dialyse-Anwendungen, anbietet. Weitere Arbeitsfelder sind das Krankenhausträgergeschäft sowie Engineering- und Dienstleistungen für verschiedene Gesundheitseinrichtungen. Fresenius Helios, mit 86 Kliniken und 126 Medizinischen Versorgungszentren ein mächtiger Gesundheits-Player hierzulande, sieht die Zukunft in der digitalen Medizin. Denn jüngst hat der Konzern über seine Tochter Curalie den Frankfurter Software-Entwickler Digitale Gesundheitsgruppe (DGG) übernommen. Die DGG wendet sich mit Telemedizindiensten an Haus- und Fachärzt*innen. Curalie wiederum entwickelt digitale Angebote für die Rehabilitation etwa von Orthopädie-Patient*innen. Primäres Ziel sei es, so Fresenius, in der neuen Aufstellung 150.000 Versicherte als Neunutzer*innen zu gewinnen. In den kommenden Jahren soll Curalie zu einem umfassenden Digital-Angebot ausgebaut werden und auch Ärzt*innen und anderen Gesundheitsfirmen offenstehen. Fresenius zielt auch bei seinen digitalen Bemühungen vor allem auf chronisch Kranke wie Diabetiker*innen oder Nierenpatient*innen. Konkret möchte Fresenius Patient*innen über Curalie nach einem automatisierten Frage-Antwort-Katalog zu Fachärzt*innen, Videosprechstunden oder in die Notaufnahme vermitteln.

Best Practice Kry: Internationale Telemedizin-Plattform aus Schweden

Kry ist ein europaweit agierendes Gesundheitsunternehmen. Die schwedische Gesellschaft wurde 2014 gegründet und bietet Patient*innen digitale Ärzt*innentermine per Video an. Außerdem können Ratsuchende mittels der Kry-App professionelle medizinische Diagnosen und Beratung anfragen. Das Unternehmen betont, dass es darum gehe, die medizinische Versorgung vor Ort durch digitale Innovationen zu entlasten. Für Ärzt*innen ist die Zusammenarbeit mit Kry mit einer normalen Praxistätigkeit vereinbar. Ein Kassensitz, also der Nachweis einer ärztlichen Praxis, ist jedoch keine Voraussetzung. Die telemedizinische Beratung auf Kry wird von der ärztlichen Haftpflichtversicherung abgedeckt. Bei Bedarf stellen die von Kry engagierten Ärzt*innen auch Rezepte, Krankschreibungen und Überweisungen aus. Im Jahr 2020 gab Kry die Fusion mit dem schwedischen Gesundheitsunternehmen Helsa bekannt, das an fünf Standorten in Schweden Arztzentren unterhält. Seit Dezember 2019 ist Kry in Deutschland aktiv, kann bislang aber nur für Privatpatient*innen abgerechnet werden. Kooperationen mit lokalen Ärzt*innen und Apotheken existieren ebenfalls und sind darauf ausgerichtet, dass ab 2021 in Deutschland E-Rezepte zugelassen werden. Im Januar 2021 konnte Kry in einer Finanzierungsrunde 140 Mio. € einsammeln. Damit kommt das Unternehmen auf eine Gesamtfinanzierung von 561 Mio. US-Dollar. Die Plattform „Dealroom" taxiert den Marktwert von Kry mittlerweile auf rund zwei Milliarden US-Dollar. 2017 belief sich der Umsatz laut „Dealroom" auf eine Million Euro, was einem Wachstum von 180 % entspreche. Eine Tochtergesellschaft von Kry in Deutschland ist die DMS Digital Medical Supply Germany GmbH.

Best Practice Rhön-Klinikum: Telemedizin als künftiges Wunschkind

Rhön-Klinikum ist ein privates, staatlich anerkanntes Klinikunternehmen, das Krankenhäuser baut und betreibt. Die einzelnen Kliniken werden in privater Trägerschaft in der Rechtsform der GmbH oder AG geführt. Die Akutkliniken des Konzerns gehören verschiedenen Versorgungsstufen an. Unter ihnen befinden sich sowohl Krankenhäuser der Grund- und Regelversorgung, Fachkrankenhäuser, Kliniken der Schwerpunktversorgung als auch der Maximalversorgung und eine Universitätsklinik. Insgesamt wurden 2018 gut 850.000 Patient*innen in den Rhön-Kliniken behandelt, etwa anderthalb Prozent mehr als noch vor einem Jahr. Rhön-Klinikum möchte in Zukunft stärker auf Telemedizin setzen. Dafür hat das Unternehmen die Medgate Deutschland gegründet. Die Rhön-Klinikum AG hält mit 51 % die Mehrheit an Medgate, 49 % fallen an den Schweizer Geschäftspartner Medgate. Es ist eine Elefanten-Hochzeit: Rhön-Klinikum zählt nach eigenen Angaben mit fünf Standorten zu den größten Gesundheitsdienstleistern in Deutschland. Rund 16.700 Mitarbeiter beschäftigt der Klinikkonzern. Medgate betreibt seit dem Jahr 2000 mit der Medgate Tele Clinic eines der größten ärztlichen telemedizinischen Zentren Europas und ist unter anderem auch in den Vereinigten Arabischen Emiraten, auf den Philippinen, in Indien und der Slowakei tätig.

Bislang gibt es international wie auch auf dem deutschen Markt noch keine industriellen Anbieter von Telemedizin. Ein dynamisches Unternehmen wie Kry wird mit großer Sicherheit zu den Gewinnern der kommenden Jahre gehören, weil endlich auch in Deutschland digitale Gesundheitsinfrastrukturen geschaffen werden. Allerdings konnte sich das Unternehmen bislang auf robuste digitale Vernetzung in Nordeuropa verlassen. Insider der Telemedizin-Szene gehen davon aus, dass Kry mindestens ein Drittel seiner neu eingeworbenen 140 Mio. € dafür wird investieren müssen, deutschlandweit überhaupt eine Vernetzung zu den Stakeholdern (Ärzt*innen, Patient*innen, Kliniken, Krankenkassen) herstellen zu können. Dass sich diese Investitionen mittelfristig auszahlen werden, ist wohl keine Frage.

Learnings

- **Telemedizin avanciert zu einer „neuen Normalität":** Lange Zeit unterfinanziert und von Ärzt*innen, staatlichen Förderinitiativen und den Bürger*innen nicht wahrgenommen, wird sich Telemedizin künftig als ein unverzichtbares Instrument erweisen, das Leben rettet und den nationalen Gesundheitssystemen zu mehr Effizienz für Patient*innen und den nationalen Gesundheitssystemen zu mehr Effizienz verhilft verhilft.
- **Telemedizin in Zeiten des Fachkräftemangels:** In der Pandemie hat sich in kürzester Zeit gezeigt, welche Vorteile die Telemedizin starkmacht: raum- und zeitunabhängig medizinische Unterstützung zu geben. Ebenso offensichtlich ist, dass mit dem Instrumentarium der Fernmedizin auch einem Phänomen wie dem Fachkräftemangel (speziell im ländlichen Raum) entgegengewirkt werden kann.
- **Telemedizin steht vor einer Vervielfachung ihrer Anwendungen:** Telemedizinische Projekte sind zuerst im stationären Bereich entstanden. Um der Bevölkerung die Telemedizin näherzubringen, muss auch das Interesse niedergelassener Ärzt*innen an dieser Thematik gefördert werden. Telemedizin sollte darüber hinaus die Integration von stationärer und ambulanter Versorgung unterstützen. Weitere Anwendungsmöglichkeiten von Telemedizin sollten künftig speziell in der Pflege entwickelt werden.

Literatur

1. „The dawn of digital medicine: The pandemic is ushering in the next trillion-dollar industry", Economist Dezember 2020. https://www.economist.com/business/2020/12/02/the-dawn-of-digital-medicine.
2. https://www.bundesgesundheitsministerium.de/digitale-versorgung-gesetz.html
3. „Telemedizin-Portal stellt erste Apps auf Rezept aus". https://www.hcm-magazin.de/telemedizin-portal-stellt-erste-apps-auf-rezept-aus-271703/

4. Bundesministerium für Gesundheit: „Nach dem am 31. Mai 2022 einstimmig gefassten Beschluss der Gesellschafter der gematik wird die Umstellung auf die Nutzung des E-Rezepts in den (Zahn-) Arztpraxen und Krankenhäusern nach einem regional und zeitlich gestuften Verfahren („E-Rezept- Rollout") erfolgen: Ab dem 1. September 2022 wird die 1. Stufe des E-Rezept-Rollouts in Westfalen-Lippe und Schleswig-Holstein starten. Die nächsten Schritte der stufenweisen Einführung werden von den Gesellschaftern der gematik zeitnah festgelegt. Die gematik wird den Rollout-Prozess eng begleiten." https://www.bundesgesundheitsministerium.de/e-rezept.html#:~:text=Denn%20ab%20dem%201.,und%20mit%20den%20Krankenkassen%20abzurechnen

5. „The dawn of digital medicine: The pandemic is ushering in the next trillion-dollar industry", ebd.

6. „Millions of Chinese, cooped up and anxious, turn to online doctors", Economist, März 2020. https://www.economist.com/business/2020/03/05/millions-of-chinese-cooped-up-and-anxious-turn-to-online-doctors ,

7. „The dawn of digital medicine", ebd.

8. https://virtuelles-krankenhaus.nrw/

9. Mehr dazu unter: https://www3.weforum.org/docs/WEF_Toolkit_for_Personal_Health_Records_and_Data_Use_by_Municipalities_2022.pdf   , „Toolkit for Personal Health Records and Data Use by Municipalities", World Economic Forum, April 2022 (Briefing Paper).

8

Heilung in den eigenen vier Wänden: Wie häusliches Gesundheitsmanagement die Versorgungsqualität anhebt und Kosten senkt

Wie kommen wir von den enormen Gesundheitskosten in fast allen Ländern dieser Welt herunter und verbessern dabei gleichzeitig die Versorgungsqualität der Patient*innen? Die Organisation für wirtschaftliche Zusammenarbeit und Entwicklung (OECD) geht davon aus, dass allein in den 36 OECD-Mitgliedsländern der Anteil der Gesundheitsausgaben bis zum Jahr 2060 auf 9,5 % des Bruttoinlandsprodukts der Länder steigen wird (in den USA sind es jetzt schon 18 %, für die kommenden Jahre sind in den USA 25 % nicht auszuschließen!).

Zum Vergleich: Im Jahr 2010 betrug der weltweite Anteil 6,2 %. Wahrscheinlich wird der Anstieg aber noch deutlich höher ausfallen (Schwellenländer wie China, Brasilien, Russland oder Indien gehören bekanntlich nicht zur OECD). Und der wachsende Anteil der Mittelschicht in diesen Ländern sowie steigender Wohlstand dürften zu einer noch deutlich höheren Nachfrage im internationalen Gesundheitssektor führen.

Modernes Gesundheitsmanagement in den eigenen vier Wänden liefert interessante Lösungen.

E. Wenzel, *Megatrend Gesundheit: Wie Digitalisierung und Individualisierung unsere Gesundheitsversorgung revolutionieren*, Megatrends und Transformations-Management, https://doi.org/10.1007/978-3-662-68688-1_8

Home Healthcare weist schon jetzt niedrigere Kosten auf

Ein zentral wichtiger Treiber für die Kostenexplosion im Gesundheitswesen ist die demografische Entwicklung: Immer mehr Menschen
werden immer älter – in China wird die Anzahl der über 100-Jährigen
bis 2050 von momentan einer Handvoll auf 200.000 klettern. Und
die Anfälligkeit für eine ganze Menge von Erkrankungen steigt im
Alter über 65 sprunghaft an. Einige Infektionskrankheiten und die
Säuglingssterblichkeit konnten zwar dank des medizinischen Fortschritts in den vergangenen Jahrzehnten zurückgedrängt werden.
Doch dafür steigen die Zahlen von Patient*innen mit Diabetes, Demenz oder Herzproblemen, die über viele Jahre aufwendig therapiert
werden müssen.

Der Zukunftsmarkt Home Healthcare setzt hier an. Der Druck auf die
Gesundheitssysteme könnte durch die Verlagerung von Pflege- und
Gesundheitsdienstleistungen aus Einrichtungen, die hohe Kosten produzieren, in das häusliche Gesundheitsmanagement und kostenneutrale
ambulante Einrichtungen deutlich gemindert werden. Laut „Garden
View Research" ist schon heute die häusliche Gesundheitsversorgung
eine signifikant kostengünstigere Alternative zu teuren Krankenhausauf-
enthalten [1]. In den USA belaufen sich die Behandlungskosten in einem
Akutkrankenhaus auf rund 3250 US-Dollar pro Tag. Dagegen betragen
die täglichen Kosten für die häusliche Pflege gerade einmal 50 US-Dollar.
Vor allem deshalb wird für den Zukunftsmarkt Home Healthcare in den
nächsten Jahren ein deutlicher Anstieg des Patient*innenvolumens
erwartet.

Es sind vor allem die folgenden vier großen Wachstumstreiber, die
Home Healthcare in den kommenden Jahren prägen werden.

Home Healthcare, die häusliche Gesundheitsversorgung, steht vor
einem kräftigen Wachstumsschub, der

1. von der älter werdenden Bevölkerung,
2. der rasanten Zunahme chronischer Krankheiten sowie
3. explodierenden Behandlungskosten in stationären Einrichtungen
   und
4. dem verstärkten Einsatz von Technologien für die häusliche Gesundheitsversorgung angekurbelt wird.

Gerade ältere und chronisch kranke Patient*innen, das beginnen viele Gesundheitsdienstleister zu verstehen, können in den eigenen vier Wänden versorgt werden, statt ewig lange Zeit im Krankenhaus „verwaltet" zu werden. Intelligente Uhren und Armbänder übermitteln Vitaldaten rund um die Uhr an die behandelnden Ärzt*innen; bei kritischen Werten greifen „Fern-Ärzte" [2] ein. Pflegebedürftige können sich dank Digitalisierung in ihrer Wohnung technische Unterstützungssysteme einbauen lassen, anstatt ins Pflegeheim zu gehen. Pflegeroboter unterstützen bei Alltagsaufgaben, im Fußboden eingelassene Sensoren registrieren Stürze und alarmieren den Rettungsdienst.

Teladoc Health: Hilfe per Knopfdruck in zehn Minuten

Teladoc Health ist ein internationaler Anbieter, der Patient*innen die Kontaktaufnahme zu einer Ärztin oder einem Arzt per Web, Telefon oder App innerhalb von weniger als zehn Minuten herstellt. Das Unternehmen ist in seiner Home-Health-Nische zurzeit klar führend. Teladoc visiert vor allem den Markt für Gesundheitsdienste an, die dezentral, von fern abgerufen werden können. Über 12.000 Kund*innen nutzen Teladoc Health, darunter auch rund 40 % der Fortune-500-Unternehmen. Telegesundheitsdienste bieten daneben auch eine (Teil-)Lösung, um dem zunehmenden Problem des Ärzt*innenmangels in bestimmten Regionen zu begegnen [3].

Immer mehr solcher Gesundheitsdienstleistungen in den eigenen vier Wänden zur Verfügung zu stellen, das ist das Erfolgskonzept von Home Healthcare. In den USA ist Home Healthcare die zurzeit am schnellsten wachsende Branche überhaupt [4]. Gemäß dem Marktforschungsinstitut Zion Research betrug auch die globale Nachfrage nach Home-Healthcare-Dienstleistungen im Jahr 2021 sage und schreibe 229 Mrd. US-Dollar [5]. Bis 2026 soll der Markt im Durchschnitt jährlich über neun Prozent wachsen. Die US-Statistikbehörde für Arbeit schätzt, dass die Zahl der Beschäftigten in dem Bereich bis 2024 jährlich um fünf Prozent zulegt. Häusliches Gesundheitsmanagement umfasst dabei nicht nur den Pflegedienst, sondern unter anderem auch den Besuch von Krankenschwestern, die Spritzen verabreichen, von Physiotherapeuten oder Logopäden. Sogar aufwendige Prozeduren wie die Dialyse können in vielen Fällen mittlerweile zu Hause stattfinden [6].

Vorteile des häuslichen Gesundheitsmanagements

Fraglos stellt die Altenbetreuung in den kommenden Jahren eines der größten Probleme innerhalb des Gesundheitswesens dar. Sowohl in Pflegeheimen als auch in Kliniken und Krankenhäusern nimmt die Zahl der zu betreuenden Menschen seit Jahren deutlich zu, das gilt für ausnahmslos alle OECD-Staaten [7]. Steigende Gesundheitsausgaben und leere Staatskassen führen dazu, dass immer mehr öffentliche Gesundheitseinrichtungen privatisiert werden. Seitdem kennen wir einschlägige Horrorgeschichten aus Pflegeheimen. Akuter Personal- und Kompetenzmangel führt nicht nur zu deprimierenden Bedingungen für die Patient*innen, das prekäre System droht organisatorisch und finanziell früher oder später zusammenzubrechen [8].

Lange Zeit versprachen Alten- und Pflegeheime sowie Krankenhäuser hohe Wertsteigerungs- und Konsolidierungspotenziale für private Betreiber. Das Post-Corona-Jahr 2022 zeigte in Deutschland, dass alle bisherigen Erlösmodelle zum Scheitern verurteilt sind. Eine grundlegende Krankenhausreform erscheint unausweichlich (siehe Kap. 1). Erste Anbieter beginnen jedoch auch in Deutschland damit, Gesundheitsdienstleistungen (nicht nur für alte und schwer kranke Menschen) für die eigenen vier Wänden zu entwickeln [9]. Ein nicht zu unterschätzender Vorteil dabei: Häusliches Gesundheitsmanagement gestattet den Betreuenden (die häufig nach wie vor aus der Familie kommen) Pausen von der aufreibenden Pflege- und Hilfspflicht, es senkt bei den Patient*innen die Häufigkeit von Krankenhausbesuchen und beschleunigt – durch Studien belegt – Wohlbefinden und Genesung [10].

Der Home-Healthcare-Markt, wie er in den USA in den vergangenen drei bis vier Jahren Fahrt aufgenommen hat, wartet darüber hinaus mit einer Menge zusätzlicher Unterstützungsdienstleistungen auf, die nicht auf Medizin und Gesundheitswesen beschränkt sind. Zu den verfügbaren häuslichen Services gehören die Hilfe bei alltäglichen Aufgaben (Geschirr, Staubsaugen, Wäsche) und der Aufrechterhaltung eines komfortablen Lebensumfelds. Anbieter sind nicht nur darin geschult, den Blutdruck oder die Herzfrequenz der „Kunden-Patient*innen" im Blick zu haben. Sie unterstützen auch dabei, in den Privathaushalten ein sicheres Umfeld zu schaffen und die Mobilität der Menschen aufrechtzuerhalten.

Unternehmen bieten darüber hinaus häusliche Schmerztherapien, Infusionstherapie, Wundversorgung, Medikationsmanagement, Diätmanagement oder psychiatrische Unterstützung an. Home Healthcare schafft neue Jobs, aber vor allem auch neue Berufsbilder, weil hilfreiche Menschen immer häufiger dafür gebraucht werden, eine Schnittstelle zwischen Patient*innen und behandelnden Ärzt*innen herzustellen, um über die neuesten gesundheitlichen Entwicklungen, Änderungen der Verschreibungen und vieles mehr informiert zu sein. Natürlich spielt auch die Überwachung chronischer Erkrankungen und komplexer Krankheitsbilder wie Lungenentzündung, COPD (chronisch obstruktive Lungenerkrankung) und Diabetes im häuslichen Gesundheitsmanagement eine wichtige Rolle.

Wie reagieren die Akteure in der Gesundheit hierzulande auf den Trend Home Healthcare? Eine Untersuchung der Techniker Krankenkasse aus dem Jahr 2018 bestätigt, dass professionelle Home-Healthcare-Dienstleistungen durchaus eine Versorgungslücke schließen könnten. Angehörige sind nach wie vor Deutschlands größter Pflegedienst! Dennoch überwiegt bei den Betroffenen der Wunsch nach Pflege durch professionelle Kräfte, denn 83 % der Menschen geben an, dass sie nach Möglichkeit von professionellen Pflegekräften versorgt werden möchten [11]. 62 % unter ihnen können sich vorstellen, von nahen Angehörigen unterstützt zu werden. Nur 28 % wünschen sich, dass Freunde oder Bekannte die eigene Pflege übernehmen.

Home Healthcare und der Megatrend demografischer Wandel

Die Kombination aus Ärzt*innenmangel und alternder Bevölkerung (Megatrend demografischer Wandel) ist darüber hinaus ein triftiger Grund, um auf den Zukunftsmarkt Home Healthcare zu schauen. Die Landesregierung in Mecklenburg-Vorpommern tut das: Mit der Initiative „Land|Rettung" [12] soll die Notfallmedizin in dünn besiedelten ländlichen Regionen verbessert werden. In dem Projekt unterstützen Telenotärzt*innen (die online anwesend sind) in Gebieten mit längerer Anfahrt den professionellen Rettungsdienst. Für Patient*innen mit einem Herz-Kreislauf-Stillstand sollen zudem geschulte Laien und ausgebildete Ersthelfer die Zeit bis zum Eintreffen des Rettungsdienstes überbrücken.

Leider sind bislang nur wenige Projekte in die Regelversorgung übernommen worden. Dabei könnte Telemedizin (Diagnostik und Therapie unter Überbrückung einer räumlichen oder zeitlichen Distanz) auch einen Beitrag zur Verbesserung der Aus-, Fort- und Weiterbildung leisten. Erfreulicherweise beschloss der Deutsche Ärztetag im Mai 2020 eine Änderung der „Musterberufsordnung für Ärzte", die jetzt eine ausschließliche Fernbehandlung durch in Deutschland ansässige Mediziner über digitale Medien gestattet [13]. Die ärztliche Sorgfalt bei Diagnostik, Beratung, Therapie und Dokumentation muss dabei gewährleistet sein und Patient*innen müssen über die Online-Behandlung aufgeklärt werden.

Philips macht Gesundheit zum Zukunftsmarkt der kommenden Jahre

Die Koninklijke Philips ist ein weltweit führender Technologie- und Healthcare-Konzern. Aktuell kooperiert „Philips Lifeline" in Arizona mit dem Dienstleister Dispatch Health bei der Implementierung eines digitalen Monitoringsystems, das Krankenhausärzt*innen mit den Patient*innen zu Hause vernetzt. Philips greift dabei auf seine 40-jährige Erfahrung mit patient*innenorientierter Gesundheitstechnologie zurück. Die „Kunden-Patient*innen" tragen das „Home-Safe"-System inklusive Notrufsignal am Körper. Philips hat sich seit einigen Jahren verstärkt auf Healthcare- und Gesundheitsprodukte ausgerichtet und besetzt marktführende Positionen auf den Gebieten Kardiologie, Notfallmedizin und Gesundheitsversorgung. Die breite Produktpalette des Unternehmens versorgt Fachkräfte und Patient*innen in jedem Stadium des Krankheitsverlaufs: von der Vorsorge über die Diagnose und Behandlung bis hin zur Patient*innenüberwachung und dem aktiven Gesundheitsmanagement, sowohl stationär als auch im Heimbereich (unter anderem auch in Indien).

Gerade was die Versorgungsqualität angeht, bietet zum Beispiel die telemedizinische Rehabilitation Vorteile [14]. Die Patient*innen trainieren zu Hause unter Überwachung durch Therapeuten, die sie bereits von ihrem Aufenthalt in der Fachklinik kennen. Mit der Telerehabilitation ist so auch außerhalb von Ballungsgebieten eine flächendeckende Reha-Nachsorge möglich. Fahrten zur Therapieeinrichtung entfallen, Patient*innen, die nach ihrer stationären Rehabilitationsmaßnahme bereits wieder berufstätig sind, können ihre Übungen bei freier Zeiteinteilung berufsbegleitend absolvieren.

Zukunftsmarkt Home Healthcare

Im Jahr 2030 werden in Deutschland rund 3,4 Mio. Menschen pflegebedürftig sein [15]. Dennoch haben sich erst 53 % der Menschen überhaupt einmal mit dem Thema Pflegeversicherung befasst. Home Healthcare stößt in einen grauen Schattenmarkt, über den man nicht so gerne redet, der jedoch die Zukunft unseres Sozialsystems auf eine große Bewährungsprobe stellen wird.

Ein simpler Grund für die wachsende Bedeutung des Zukunftsmarkts Home Healthcare: Fast 90 % der Menschen in Deutschland möchten im Alter zu Hause leben, anstatt in einem Pflegeheim untergebracht zu werden, das hat eine Befragung des Bundesministeriums für Bildung und Forschung ergeben [16].

Die folgenden vier Trends und Tendenzen werden den Zukunftsmarkt des häuslichen Gesundheitsmanagements in besonderem Maße bestimmen und verändern:

1. **Neue Berufsbilder verändern den Gesundheitsmarkt der Zukunft:** Aus den Trends Home Healthcare und digitale Gesundheit entwickeln sich aktuell bereits neue Berufsbilder. Einer Auswertung des amerikanischen Bureau of Labor Statistics zufolge werden zehn unter den 20 der am schnellsten wachsenden Berufe aus dem Gesundheitssegment kommen. An erster Stelle der aussichtsreichsten Jobs in den kommenden Jahren: Home-Health-Services mit einer 25-prozentigen Steigerungsrate innerhalb der kommenden zehn Jahre [17]. Technologisch fortgebildete Ärzt*innenhelfer werden dazu beitragen, dass deutlich mehr Dialysen von zu Hause aus gemacht werden können. „Lifestyle Strategen" werden dabei behilflich sein, nach einer Suchterkrankung einen gesünderen Lebensstil zu entwickeln. Begleiter am Lebensende („End of Life Therapist") unterstützen – psychologisch geschult – Menschen in ihren letzten Lebensjahren. Tele-Chirurgen werden online und ungleich präziser Blutgefäße nähen. Speziell geschulte Apotheker werden – unterstützt von Robotern – personalisierte Medikamente zubereiten.

2. **Technologie treibt und transformiert den Home-Healthcare-Markt:**
Natürlich ist der verstärkte Einsatz von Technologie im Gesundheitswesen
der Zukunft eine der treibenden Kräfte. Laut einer McKinsey-
Untersuchung haben die Verfügbarkeit neuer Technologien für die häusliche Pflege (internetfähige Heimmonitore, Apps für die mobile
Gesundheit, Telemedizin) in den letzten Jahren die Bereitstellung einer
fortschrittlichen Versorgung in den eigenen vier Wänden der
Patient*innen vorangebracht [18]. Dies spiegelt sich auch darin wider,
dass Gesundheitsunternehmen, die bislang Leistungen ausschließlich
über Produkte (Gehhilfen, Rollstühle, Wandsprossen, Sicherheitsteppiche)
erbracht haben, in großem Stil umdenken und ebenfalls „menschliche"
Unterstützungsdienstleistungen anbieten. Aus der Medizintechnik
könnte so in den kommenden Jahren ein neuer Markt des umfassenden
Pflege- und Unterstützungsmanagements für zu Hause entstehen.
3. **Ärzt*innenmangel bewegt Kliniken zum Umdenken:** Der
Ärzt*innenmangel gerade in ländlichen Gegenden hat längst politische
Brisanz und beeinflusst Wahlentscheidungen. Telemedizin gilt hier als
Rettungsanker und Zukunftsmarkt, auf dem sich mittlerweile auch ei-
nige Mitbewerber aus der deutschen Kliniklandschaft tummeln. Die
Rhön-Klinikum AG (siehe oben) ist die erste Krankenhausgruppe, die
den Bereich Telemedizin im großen Stil in Deutschland einführen will.
Die „Fern-Ärzte" werden speziell für Telemedizin geschult und erhalten
Festanstellungen, um eine gleichbleibende Qualität für die Patient*innen
zu gewährleisten. Sie durchlaufen ein speziell für telemedizinische
Beratung und Behandlung entwickeltes Fortbildungsprogramm. Dabei
greift das Projekt auf exklusives Know-how von Universitätskliniken wie
Gießen und Marburg zurück, die zur Rhön-Gruppe gehören [20].
4. **Dialyse@home möglich, aber (in Europa) kaum genutzt:** Die
Dialysetherapie und die individuellen Lebensgewohnheiten nieren-
kranker Menschen lassen sich in der Heimdialyse besser miteinander
verbinden. Die Erfahrung der Anbieter ist es, dass sich die Patient*innen
in häuslicher Umgebung intensiver mit ihrer Versorgung auseinander-
setzen und insgesamt zufriedener sind. Trotzdem werden die meisten
Patient*innen derzeit nach wie vor in Dialysezentren behandelt.
Weltweit nutzen nur etwa elf Prozent die Dialyse@home – zukünftig
viel Potenzial für die Heimdialyse [21].

Best Practice Amedisys: Vom Krankenhausbau zu „Predictive Modeling"

Klassische Unternehmen auf den Gebieten der Pflege- und Gesundheits-immobilien investieren längst nicht mehr nur in „Steine", sondern immer mehr in Software. Amedisys ist mit der Entwicklung und Akquisition neuer Geschäftsbereiche beschäftigt, die das bestehende Geschäft mit häuslicher Pflege und Hospiz ergänzen. In den vergangenen Jahren hat das US-Unternehmen aus Baton Rouge, Louisiana, eine Reihe strategischer Akquisitionen getätigt. Im Sommer 2020 wurde ein Kaufvertrag für „Bring Care Home" unterzeichnet, einem Anbieter von Körperpflegeprodukten im Nordosten von Massachusetts. Zuvor hatte Amedisys bereits East Tennessee Personal Care Service, einen Gesundheitsdienstleister mit Hauptsitz in Knoxville, übernommen. Laut Amedisys werden diese Zukäufe die Position des Unternehmens im Home-Healthcare-Markt außerhalb von Massachusetts und Florida stärken. Darüber hinaus hat das Unternehmen kürzlich eine Minderheitsbeteiligung an Medalogix – einem Software-Spezialisten für „Predictive Modeling"-Berechnungen für Home Health und Hospize – bekannt gegeben. Es geht bei einem Unternehmen wie Amedisys also längst nicht mehr nur um Krankenhausbetten und Gehhilfen.

Learnings

- **Gesundheit@home ist schon wirkungsvoller bei chronischen Krankheiten:** Laut WHO sind weltweit mittlerweile mehr als die Hälfte aller Erkrankungen chronische Leiden (Diabetes, Herz- und Atemwegserkrankungen etc.) [22]. Sie verschlingen enorme Kosten, nicht zuletzt weil sie Patient*innen zwingen, in ständiger Verbindung zu Ärzt*innen und Kliniken zu stehen. Digitale Kommunikationswege und die Verlagerung vieler Maßnahmen in die „eigenen vier Wände" wird in den nächsten Jahren dazu beitragen, dass Milliarden eingespart werden können und Patient*innen entspannter leben.
- **„Overall Health" legt Schwerpunkt stärker auf Gesundheit als auf Krankheit:** Gesundheitsdienstleister wie Ärzt*innen und Krankenhäuser beginnen außerhalb ihres eigentlichen Beritts zu investieren. Aus reaktiver (symptombezogener, Krankheiten akut bekämpfender) Medizin könnte künftig eine präventive Medizin werden, die viele Krankheiten gar nicht erst entstehen lässt. Aus der in die Jahre gekommenen zentralen Gesundheitsversorgung erwächst gerade so etwas wie „Gesundheit von überall" und in Realzeit: Overall Health.
- **Gesundheit in den eigenen vier Wänden schafft neue Jobs:** Häusliches Gesundheitsmanagement spielt bei diesem Ansatz eine wichtige Rolle.

Die Digitalisierung vieler Vorgänge ist dabei ein entscheidendes Element – wird aber die Ärztin, den Arzt und empathisches Pflegepersonal nicht ersetzen. Ganz im Gegenteil. Wir könnten durch diese (digitalen) Veränderungsprozesse zukünftig nicht nur eine Reihe neuer Berufsbilder kennenlernen (zwischen dem „Herrgott in Weiß" und der Krankenschwester), sondern tatsächlich ein kleines Arbeitsplatzwunder im Gesundheitssektor erleben.

Literatur

1. „Home Healthcare Market Size, Share & Trends Analysis Report By Equipment (Therapeutic, Diagnostic), By Services (Skilled Home Healthcare Services, Unskilled Home Healthcare Services), By Region, And Segment Forecasts, 2022–2030", 2017. https://www.grandviewresearch.com/industry-analysis/home-healthcare-industry
2. https://www.fernarzt.com/ueber-uns/so-funktionierts/
3. Alfred Felsberger: „Telemedizin erlebte zuletzt einen Boom, kann sie Lösung für Ärztemangel sein?", Mediamix.at, 23. September 2020. https://medmix.at/boom-telemedizin-aerztemangel/
4. U. S. Bureau of Labor Statistics, April 2022. https://www.bls.gov/ooh/healthcare/home-health-aides-and-personal-care-aides.htm#tab-6,
5. Home healthcare Market – Global Industry Analysis, Juli 2021. https://www.zionmarketresearch.com/market-analysis/home-healthcare-market
6. Kitsche, Dieter Bach: Heimhämodialyse. Aktuelle Aspekte und Wandel in der Nierenersatztherapie, Springer 2021. https://link.springer.com/article/10.1007/s11560-021-00517-y Benno
7. „Who Cares? Attracting and Retaining Care Workers for the Elderly", OECD, 22. Juni 2020. https://www.oecd.org/publications/who-cares-attracting-and-retaining-elderly-care-workers-92c0ef68-en.htm
8. „Pflegebranche warnt vor Notstand", Tagesschau, 2. Dezember 2022. https://www.tagesschau.de/inland/innenpolitik/pflege-personal-101.html
9. Seltene Krankheiten: https://united-healthcare.eu/; https://www.pflege-markt.com/2017/05/05/homecare-unternehmen-in-deutschland/; https://summaryseven.de/marktueberblick-homecare-was-kennzeichnet-den-deutschen-homecare-markt-2/

10. „Aging in Place: A State Survey of Livability Policies and Practices", National Conference of State Legislatures and the AARP Public Policy Institute, 2011. https://assets.aarp.org/rgcenter/ppi/liv-com/ib190.pdf

11. https://www.tk.de/resource/blob/2042938/0d00fdbc9c9b60b3434ea821a3 bccda0/factsheed-meinungspuls-pflege-2018-data.pdf   TK-Meinungspuls Pflege 2018.

12. https://innovationsfonds.g-ba.de/projekte/neue-versorgungsformen/land-rettung-zukunftsfeste-notfallmedizinische-neuausrichtung-eines-landkreises.63

13. „Ausschließliche ärztliche Fernbehandlung", Landesärztekammer Baden-Württemberg. https://www.aerztekammer-bw.de/40presse/03fernbehandlung/index.html

14. Meyding-Lamadé, U., Bassa, B., Tibitanzl, P. et al.: Telerehabilitation: von der virtuellen Welt zur Realität – Medizin im 21. Jahrhundert. Nervenarzt 92, 127–136 (2021). https://doi.org/10.1007/s00115-020-01058-w

15. „Pflegereport 2030: Die Versorgungslücke in der Pflege wächst", Bertelsmann Stiftung 2020. https://www.bertelsmann-stiftung.de/de/unsere-projekte/abgeschlossene-projekte/pflege-vor-ort/projektthemen/pflege-report-2030/

16. https://www.bmfsfj.de/resource/blob/94192/adbce0150263828d 720eb6c908955dc4/laenger-zuhause-leben-wegweiser-data.pdf

17. U. S. Bureau of Labor Statistics. https://www.bls.gov/ooh/healthcare/home-health-aides-and-personal-care-aides.htm, Zugriff: 29. Dezember 2022.

18. McKinsey: Studie „Annual European eHealth Survey 2019". https://www.mckinsey.de/news/presse/2019-11-14-ehealth-survey-himss

19. Telemedizin – was die Fernsprechstunde für Patienten möglich macht. Stand: 12. November 2021. https://www.verbraucherzentrale.de/wissen/ge-sundheitpflege/aerzte-und-kliniken/telemedizin-was-die-fernsprechstunde-fuer-patienten-moeglich-macht-41154

20. „Ein fast normales Leben dank Heimdialyse". https://www.freseniusmedi-calcare.com/de/medien/einblicke/patientengeschichten/ein-fast-normales-leben-dank-heimdialyse

21. „Time to get off the couch, WHO warns, as 500 million risk developing chronic illness", UN News 2022. https://news.un.org/en/story/2022/10/1129662

9

Selbstoptimierung: Ist unsere Gesellschaft von der Sucht nach Selbstmanagement besessen? Wenn ja, was ist so schlimm daran?

„Plötzlich erscheint es normal, sich vor sich selbst zu verneigen. Es gibt ja sonst nichts Wichtigeres im Universum. Höhere Instanzen haben wir längst entsorgt. Einen Bezugspunkt außerhalb von uns selbst erkennen wir nicht an. Statt an Utopien orientieren wir unsere Zukunft am Projekt Ich", beobachtet die Autorin Martina Läubli während eines Ausflugs in die Yoga-Welt [1].

Wir haben uns so daran gewöhnt, unsere subjektiven Bedürfnisse absolut zu setzen, dass manche die Maskenpflicht in einer pandemischen Ausnahmesituation als persönliche Kränkung ansehen. Die Pandemie hat vieles beschleunigt, so auch die Ausbreitung des Gefühls: Ich bin der Nabel der Welt.

Wir begreifen uns als eine Gesellschaft der Individuen und Individualisten. Der „Economist" sprach in den 2000er-Jahren von der „I-Decade", dem Zeitalter der Ichbezogenheit und des Selfdesigns. Im Mai 2022 hat das Wirtschaftsmagazin den Begriff des „Quantified Self" ins Spiel gebracht [2]. Spätestens da wird der Hype um die Selbstoptimierung zu einer schillernden Kategorie, die viel über unser Leben im 21. Jahr-

E. Wenzel, *Megatrend Gesundheit: Wie Digitalisierung und Individualisierung unsere Gesundheitsversorgung revolutionieren*, Megatrends und Transformations-Management, https://doi.org/10.1007/978-3-662-68688-1_9

hundert und über unseren Umgang mit Megatrends wie Digitalisierung, Individualisierung und Gesundheit aussagt.

Selbstoptimierer, der Begriff weist auf eine Gruppe von gesundheitsorientierten Menschen hin, haben sich in der Konsumkultur des 21. Jahrhunderts selbst zum Projekt erklärt. Über die intensive Arbeit am eigenen Selbst versuchen sie ihre Lebensqualität permanent zu steigern. Expert*innen sprechen von dem Hang zu einer „somatischen Individualität" [3] in unserer Gesellschaft, wobei zum Projektportfolio der Selbstoptimierer selbstredend auch die Optimierung der eigenen Work-Life-Balance und die Erweiterung der geistigen und spirituellen Erfahrungswelt gehört. Selbstoptimierung ist deshalb ein einflussreicher Gesellschaftstrend, weil sich das stete Bemühen um Selbstoptimierung an die Nutzung von Vernetzungstechnologien bindet und die innige Arbeit am Selbst in den Social-Media-Kanälen ausführlich zelebriert wird. Andererseits macht die Projektlogik der Selbstoptimierer sie aber auch anschlussfähig für so etwas wie das romantische Persönlichkeitsideal eines allseitig interessierten, empfindsamen Individuums.

Währenddessen zerfallen die westlichen Gesellschaften, was den Umgang des Einzelnen mit sich selbst angeht, in zwei Lager:

1. die in der Regel sehr gut ausgebildeten und besser verdienenden Gesundheitsanbieter auf der einen Seite und
2. die prekarisierten Powerkonsumenten, die ihr Wohlbefinden und einen relativen Wohlstand unter anderem über den Konsum von hochkalorischer Ernährung herstellen.

Bei Letzteren hat das zu bizarren bis bedenklichen Prognosen geführt, wonach mittlerweile weltweit mehr Todesfälle durch Falschernährung zu beklagen sind als durch Unterernährung. Im Jahr 2020 waren mehr als 2,1 Mrd. Menschen übergewichtig, das entspricht rund einem Drittel der Weltbevölkerung [4]. 768 Mio. Menschen litten an Unterernährung [5]. Im Jahr 2017 starben laut *The Lancet* weltweit elf Millionen Menschen an ungesunder Ernährung [6] und laut WHO sterben jährlich nicht weniger als 2,8 Mio. Menschen an Fettleibigkeit [7].

Gesundheit wird in den westlichen Ländern längst wieder „vererbt", will sagen, wer im unteren Viertel der Gesellschaft lebt, wird signifikant häufiger krank und stirbt früher. In den USA freut sich das reichste Prozent der Bürger*innen über eine bis zu zwölf Jahre höhere Lebenserwartung als das ärmste Prozent. In Deutschland haben arme Menschen eine acht bis zehn Jahre geringere Lebenserwartung als wohlhabende. Überall auf der Welt, auch in reichen Ländern, gilt die Regel: Wer arm ist, wird eher krank und stirbt früher. Für Deutschland lohnt es sich, hierzu die Untersuchungen des Robert Koch-Instituts („Beiträge zur Gesundheitsberichterstattung des Bundes Armut, soziale Ungleichheit und Gesundheit") zur Kenntnis zu nehmen [8].

Trotz vieler Gesundheitsinitiativen und der Transformation von Gesundheitserleben zum konsumierbaren Lifestyle-Accessoire (auf Kosten der Daseinsvorsorge für die breite Bevölkerung [9]) hat sich die Spaltung unserer Gesellschaft, die entlang der Wirtshaustische, Nagelstudios und Fitnessstudios verläuft, nicht aufhalten lassen.

Ist Selbstoptimierung womöglich der Lebensstil der Besserverdienenden (und der in die Freizeit verlängerten Hochleistungsgesellschaft)? Mit den Selbstoptimierern, der Eindruck drängt sich bei vielen auf, ist der Neoliberalismus bis in die Eingeweide und die Zellen unseres Körpers vorgedrungen. Denn Selbstoptimierung tendiert in vielen ihrer Ausprägungen Richtung Arbeit, Anstrengung und Versagung. Selbstoptimierung ist ein intrasubjektiver Wettbewerb auf dem eitlen Markt der Ich-Ideale in einer zur Nabelschau tendierenden Gesellschaft.

Die Berliner Soziologin Anja Röcke stellt diese vorschnelle Zuordnung infrage. Selbstoptimierung werde nicht umfassend verstanden, wenn hinter dem Trend umgehend die Installierung eines neoliberalen Hochleistungs-Ich verstanden werde, wie es vor allem Jim McGuigan in „The Neoliberal Self" entwirft [10]. McGuigan erklärt Selbstoptimierung sehr reduziert über

1. eine ausgeprägte Konsumorientierung,
2. ein irgendwie unternehmerisches Mindset und
3. über einen politischen Individualismus, der sich grundsätzlich gegen die klassischen Formen wohlfahrtsstaatlicher Daseinsvorsorge richtet.

Selbstoptimierung ist ein weitaus komplexeres Phänomen. Häufig stehen bei den Selbstoptimierern eine oder mehrere der folgenden „Kulturtechniken" im Zentrum des Ego-Projekts:

- Ratgeber-, Lebenshilfeorientierung
- Konsum leistungssteigernder Substanzen
- plastische Chirurgie
- Techniken der Selbstvermessung mit angeschlossener Kommunikation auf Social-Media-Plattformen

Darüber hinaus ist der Trend zur Selbstoptimierung – wie viele andere Trendphänomene unserer Zeit auch – stark von auf den ersten Blick sich widersprechenden Werten und Lebensstilentscheidungen gekennzeichnet. Röcke zeigt, dass bei den Selbstoptimierern das Bedürfnis nach neuen Formen der Selbsterfahrung einhergeht mit der Zustimmung zu technischen Verfahren der Rationalisierung und Ökonomisierung der eigenen Bedürfnisse. Das wettbewerbsorientierte Bedürfnis nach Selbststeigerung (Marathontraining in 14 Tagen) wird von Selbstoptimierern beispielsweise kombiniert mit der Tugend der Selbstbegrenzung und Bescheidenheit („Simplify …"), instrumentellem Selbstbezug und Ekstase, Sucht nach Gratifikation bei gleichzeitiger Leidensfähigkeit, Erfahrungshunger und Bekenntnissen zu Resilienz und Nachhaltigkeit … Der Selbstoptimierer ist ein Kind seiner Zeit und brilliert in der Fähigkeit der Ambivalenztoleranz, verbunden mit der Freude am Experimentieren [11].

Vor allem verspricht Selbstoptimierung gesteigerte Selbstakzeptanz durch Selbstkontrolle. Und für das Verständnis dieser Trendentwicklung mittlerweile aber fast ebenso wichtig: Selbstoptimierung in der digitalen Gesellschaft koppelt sich an die Nutzung von Daten und Algorithmen – entscheidende Produktivkräfte, um das individuelle Wohlbefinden zu optimieren.

Die Nutzung von Daten ist schon seit einiger Zeit der größte Markt der Welt und stellt damit den Kapitalismus auf den Kopf, denn die personenbezogenen Daten können fast kaum von ihren Erzeugern genutzt werden [12]. Laut einer aktuellen Berechnung sorgte die Abschöpfung von personenbezogenen Daten im Jahr 2019 für einen Umsatz von rund 76 Mrd. US-Dollar. Und wie wir alle wissen, macht die Nutzung personenbezogener Daten erst das Geschäftsmodell von Google und Facebook einträglich. Addiert man den Marktwert von Google und Facebook (und zieht kleinere Posten ab), kommt man auf 1,4 Trillionen US-Dollar durch die Nutzung von (Fremd-)Daten.

In dem Maße, wie wir künftig immer mehr Daten über uns selbst erzeugen, müssen wir auch immer mehr Entscheidungen darüber treffen, was wir mit diesen Daten anfangen, was zu einem veritablen Stressfaktor werden kann (Neurosen aufgrund zwanghafter Selbstbeobachtung nicht ausgeschlossen). Habe ich alles im Griff – oder vielleicht gar nichts mehr? Zwingen mich meine Gesundheitsdaten nicht dazu, meine Ernährung komplett umzustellen? Selbstoptimierung kann sich so als Gesundheitsfalle entpuppen, Selbstoptimierung als toxischer Konformitätszwang? Es entstehen auf jeden Fall Gewissensnöte: In einer Gesellschaft, die sich aufgemacht hat, „den Tod abzuschaffen" (Google, Peter Thiel et al. [13]), erscheint Krankheit (oder auch nur leicht erhöhte Leberwerte) schnell als individuelles Versagen und Nicht-Können.

Machen wir einmal die Probe aufs Exempel. In welchem Verhältnis stehen Genuss und Selbstoptimierung? Es gibt nichts Sozialeres als eine gemeinsame Mahlzeit, behaupten Ernährungssoziologen [14]. Kulturforscher*innen halten dem entgegen, dass kulinarische Genüsse oder auch nur ein gutes Gespräch, ein gelungener Abend mit Freunden kulturbildend und gemeinschaftsfördernd seien und in gleichem Maße zu Selbst- und Fremdakzeptanz führen. Von hier aus rückt der „trendende" Lebensstil der Selbstoptimierer noch einmal in ein anderes Licht.

Die Märkte der Selbstoptimierung

Selbstcoaching und Selfcare, Selfdesign und Selbst(für)sorge, Selbstmanagement, Me-Time, Selfness, Mind(ful)ness, unzählige Gesundheits-Hypes (keine Trends!) richten sich an das gestresste Individuum des 21. Jahrhunderts. Schaut man sich die nahezu unüberschaubare Menge an vorgeblichen Gesundheitsangeboten an, entsteht schnell der Eindruck, dass hier in erster Linie der Wellness-Trend der 1990er-Jahre verlängert werden soll. Und was ist da Erfolg versprechender, als Gesundheit noch ein bisschen egozentrischer und an das individuelle Seelenheil appellierend anzupreisen.

Ein ganzes Bündel an Märkten reagiert auf das Zusammenfallen von Gesundheits- und Konsumbedürfnissen in der Gesellschaft der Selbstoptimierung: Ernährung, Medien, Tourismus, Physio- und Psychotherapie, der Esoterikmarkt und viele andere mehr.

Nestlé und Danone, jahrzehntelang die größten Nahrungsmittelproduzenten, haben sich vor allem deshalb freiwillig dem Wunsch nach weniger Zucker, Fett und Salz unterworfen, weil sie in den Gesundheits- und Selbstoptimierungstrends vielversprechende Zukunftsmärkte sehen. Die Pharmagiganten Glaxo Smith Kline und Pfizer haben ihre Consumer-Health-Sparten fusioniert, um an dem neuen Produktsegment Over-the-counter-Selfcare zu partizipieren. Der US-Drogeriekonzern CVS sieht sowohl in ärztlicher Primärversorgung (beschleunigt durch die Pandemie) wie in der Nutzung des Trends zum gesunden Konsum gigantische neue Märkte. Und dafür hat CVS noch während Corona im Jahr 2021 USA-weit 1500 sogenannte „HealtHUBs" eingerichtet, in denen „Care Concierges", Ernährungsexpert*innen und Yogatrainer*innen auf die gesundheitsbewusste Zielgruppe warten.

Große Fitnessstudios lösen enge „Muckibuden" auf einer Etage ab und avancieren zu den neuen Highlights in den großflächigen Malls, wo sie den Einzelhandel abzulösen beginnen. Pricewaterhouse Coopers fasst all diese Trends etwas ratlos unter „Wellcare" zusammen und geht davon aus, dass bewusste Gesundheitsprävention, Fitness, Ernährung und Beauty schon jetzt ein Marktvolumen von 580 Mrd. € ausmachen [15]. Nutraceuticals und Cosmeceuticals entwickeln sich zu den wichtigsten Konsummärkten der Zukunft. Der Abverkauf von mobilen Endgeräten wird schon seit einigen Jahren insbesondere von den Selbstoptimierungsbedürfnissen junger und alter Menschen angetrieben: Stressabbau, Fitness, Schlafqualität etc. In einer alternden Gesellschaft ist das Versprechen ewiger Jugend und Gesundheit offenbar ein unschlagbares Argument.

Die sozial normierende Funktion sozialer Medien wie TikTok und Instagram kann bei diesen Prozessen der Selbstoptimierung gar nicht überschätzt werden. Unter dem Hashtag #thatgirl wurden vor einem Jahr 980.000 Videos zu dem Trendthema gezählt. #thatgirl-Videos kreisen um die Selbstoptimierung junger Frauen: Nach dem Aufstehen ein lauwarmes Zitronenwasser, Sport, Yoga, Meditieren, Skincare, eine Salatbowl zwischendurch, To-do-Listen schreiben, Journaling (aka Tagebuchschreiben), Wohnung aufräumen, und das am besten vor neun Uhr, so beschreibt die Autorin Betina Petschauer den Perfektionismus junger Menschen unter dem Einfluss von Influencer*innen und Social Media [16].

Unter dem Suchbegriff „becoming that girl" hat Petschauer bei Google zwei Milliarden Treffer gefunden, die in Wort und Bild vorführen, wie man zu einem perfekten „Girl" wird oder wie sich „perfekte Girls" in Bestform bringen. Gesundheitskonsum, vorgeführt in Social Media, schafft gefährlich perfekte Vorbilder, die mit ihrer normierenden Kraft mit Idealen aus Mädchen- und Frauenzeitschriften nichts mehr zu tun haben.

Man muss das bedenklich finden, man kann den Kopf schütteln. Klar ist allerdings auch, dass perfektes Aussehen in der Aufmerksamkeitsökonomie der Gegenwart immer wichtiger wird und makellose Performance längst ein Schlüsselkriterium für die Karriere ist. Oder wie es Ada Borkenhagen, Professorin für Psychosomatische Medizin und Psychotherapie an der Universitätsklinik Magdeburg, formuliert: „In modernen, spätkapitalistischen Gesellschaften bestimmt das Aussehen immer mehr über Job- und Beziehungschancen." [17]

Techniken, Institute oder Industrien, die heute die Arbeit am Körper und der eigenen Befindlichkeit zur Erlangung von Seelenheil und Ausgeglichenheit offerieren, handeln darüber hinaus durchaus im Sinne der Sokratiker und der Epikuräer des alten Griechenlands. Und in der Begleitung von chronischen Erkrankungen spielt Selfcare ebenfalls eine wichtige Rolle [18]; halbwegs gelingende Selbstsorge ist da eine Grundbedingung für verbesserte Lebensqualität und eine höhere Lebenserwartung. Wir leben in Zeiten der Multikrisen, des Kind-Karriere-Spagats und forcierter ökonomischer Unsicherheit. Warum also nicht das tun, was der weise Sophokles (470–399 v. Chr.) schon den Athenern empfahl: zunächst hinlänglich auf sich selbst zu achten, bevor man sich in die antiken Kämpfe um Wirtschaft und Politik wirft.

Diejenigen, für die Selbstoptimierung in der Gegenwart besonders wichtig ist, haben häufig schon Erfahrung im Umgang mit dem Retuschieren der eigenen Bilder in den sozialen Medien. Vor allem Frauen, so erklärt ein plastischer Chirurg, schafften sich dort ein digitales Ideal-Ich in einem Ideal-Körper, mit dem Ergebnis, dass sie sich im Spiegel selbst nicht wiedererkennen. Diese Frauen trauten sich mitunter nicht mehr auf die Straße, „weil sie nicht so aussehen wie in der digitalen Welt" von WhatsApp, Instagram und TikTok [19].

Keineswegs zufällig bricht inzwischen das Geschäft mit den Schönheitsoperationen alle Rekorde. Ob Nasenkorrekturen oder Brustoperationen, Haartransplantationen oder Fettabsaugen, von Wadenimplantaten bis zu Schamlippenverkleinerungen, schönheitschirurgische Eingriffe werden zu einer Selbstverständlichkeit im Selbstoptimierungsalltag. Laut der Vereinigung der Deutschen Ästhetisch-Plastischen Chirurgen (VDÄPC) wurden 2021 nicht weniger als 25 % mehr Lippenkorrekturen vorgenommen als im Vorjahr [20]. Unternehmen wie In-Mode, Cutera, Intercure oder Soliton profitieren von dem Trend und sorgen mittlerweile an der Börse für Aufsehen. Allergan Aesthetics, wohl der weltweite Marktführer in der plastischen Chirurgie, erzielte 2022 einen Umsatz von 2,6 Mrd. US-Dollar.

Und das Warum auf dem Schönheitsmarkt verändert sich gerade dramatisch. War es früher der Impuls, durch chirurgische Eingriffe den natürlichen Alterungsprozessen entgegenzuwirken, sind es heute die weiblichen und männlichen Selbstoptimierer, die mit Botox und Hyaluronsäure an der Perfektionierung des selbstdesignten Ichs arbeiten. Junge Medizinstudent*innen haben den Trend längst erkannt und treten als „Master of Injectables" auf den boomenden Markt und rücken ästhetisch-chirurgische Selbstoptimierung in ein zweifelhaftes Licht. Heilpraktiker*innen und Kosmetiker*innen drängen ebenfalls auf den Markt, sodass in Fachverbänden die Diskussion begonnen hat, ob das Wundermittel Hyaluronsäure nicht verschreibungspflichtig gemacht werden sollte [21].

Selbstoptimierung ist vor allem ein Thema für das Gesundheitserleben von Frauen. Nach wie vor sind sie es, die das meiste Geld für Fitness, Wellness und Kosmetik ausgeben. Die US-amerikanische Kultursoziologin Jia Tolentino beschreibt mit beißender Ironie ihren eigenen Hang zur Selbstoptimierung und die Selbstoptimierungssucht ihrer Generation der Millennials. Yoga und Fitness, jahrelange Kurse bei Barre und hochpreisige Abonnements bei SoulCycle oder für Boutique-Spinning-Kurse haben Tolentino „den Luxus verschafft, der für so viele Menschen aus so vielen idiotischen Gründen unerreichbar ist – nicht über meinen Körper nachdenken zu müssen, weil er sich größtenteils gut anfühlt, größtenteils funktioniert" [22]. Der Volkssport der sportlichen Selbstoptimierung, die Quälereien im Studio und auf der Massagebank, so Tolentino, helfen, sich „für ein hyperbeschleunigtes Leben im Kapitalismus in Form zu bringen".

Endlose Workouts „bereiten dich weniger auf einen Halbmarathon vor, sondern eher auf einen zwölfstündigen Arbeitstag, auf eine Woche allein mit Kind und ohne Betreuung oder das abendliche Pendeln in einem investitionsbedürftigen Zug" [23]. Gegenüber den 1990er-Jahren habe sich der Kampf um Schönheit und Jugendlichkeit noch einmal verschärft. War es damals – in der Ära von Fitness und Aerobic mit Jane Fonda – noch der Versuch, wie sein ideales Selbst auszusehen, „so geht das Problem heute noch tiefer – wir haben keinen Schönheits-, sondern einen Lifestyle-Mythos, ein Paradigma, in dem eine Frau alles an Technologie, Geld und Politik aufbringen kann, was ihr zur Verfügung steht, um zu versuchen, dieses idealisierte Selbst tatsächlich zu WERDEN (Hervorh. im Original), und in dem sie die schonungslose Selbstoptimierung als natürlich, obligatorisch und feministisch betrachten kann – oder einfach als die zweifellos beste Art zu leben" [24]. Gesundheit ist zu einem Lebensstil geworden und zu einer Schlüsselressource in der hochbeschleunigten Business-Welt.

Und die Männer? Für Männer ist Selbstoptimierung mittlerweile fast ebenso relevant wie für Frauen. Laut den Zahlen des VDÄPC legten sich 2021 in Deutschland 57 % mehr Männer unter die Messer der plastischen Chirurgen als im Vorjahr. Im gleichen Zeitraum nahmen männliche Bauchstraffungen um 54 % zu. Während 2021 insgesamt 81.458 schönheitschirurgische Eingriffe bei Frauen vorgenommen wurden, registrierte der Verband bei Männern 12.395 Eingriffe. Gerade bei den jungen Männern wird die physische Selbstoptimierung immer noch über altbewährte Merkmale angestrebt: Muskeln, Muskeln, Muskeln. Nichtsdestoweniger sind die Nebenfolgen von Selbstoptimierungskultur und digitaler Ich-Imagination bei den Männern ebenfalls greifbar: In Deutschland ist die Zahl der männlichen Jugendlichen mit einer nachgewiesenen Essstörung zwischen 2008 und 2018 um 60 % angestiegen.

Das Schönheitsideal des 21. Jahrhunderts erfordert es, den eigenen Körper als Quelle von Potenzial und Kontrolle zu verstehen. Das gesunde

Selbst als Investment und Projekt. Laut Tolentino musste der Feminismus, um Aufmerksamkeit in der marktbegeisterten Gesellschaft der frühen 2000er-Jahre finden zu können, Schönheitsarbeit in den Begriff „Self-Care" umcodieren [25]. Selbstoptimierung und Self-Care sind als Gesellschaftstrends „maßgeschneidert für ein Zeitalter, in dem Arbeit in Freizeit umdeklariert wird, damit wir immer mehr davon akzeptieren – ein Zeitalter, in dem Frauen glauben sollen, die Arbeit am eigenen Aussehen mache Spaß" [26].

Wer nach Selbstoptimierung strebt, der achtet auf seine Ernährung; gesunde und idealerweise auch nachhaltig produzierte Lebensmittel gilt ihr oder ihm als entscheidender Treibstoff für die Selbstverwirklichung. Superfood lautet das Zauberwort. Es hat sich in kürzester Zeit tief in den Nahrungskanon unserer Gesellschaft eingeschrieben. Die Trends sind jedoch mitunter sehr kurzfristigen Zyklen unterworfen.

So ist der Glamour exotischer Superfoods recht schnell verflogen. Der Hype um Gojibeeren oder Gerstengraspulver flaute fast so schnell ab, wie er entstanden war. Dagegen drängen heimische Alternativen in den Vordergrund: Brombeeren ersetzen als Trendfrucht die Gojibeere, Leinsamen die Chia-Samen, Kamille die Matcha-Blätter und Brokkoli das Weizengras. Auch Eiweißträger wie heimische Linsen, Lupinen, Erbsen und Bohnen punkten gezielt mit ihren Proteinsuperkräften. Auch das Superfood ist mehr Hype als Trend. Die Marktforscher*innen von IRI Information Resources bestätigen, dass die dreistelligen Wachstumsraten aus den vergangenen Jahren nicht mehr da sind. Laut Katharina Feuerstein, Analystin bei IRI Information Resources, sank der Umsatz mit Gojibeeren im Jahr 2018 im Vergleich zum Vorjahr um 27 % auf 3,7 Mio. €. In der Vertriebsschiene Discount gingen die Handelsumsätze sogar um fast 36 % zurück. Auch Chia-Samen, zuletzt mit einem Umsatz im Lebensmittelhandel von 23,2 Mio. €, sowie Amaranth oder Quinoa verbuchten ein Umsatzminus von jeweils rund 20 %.

Dagegen haben sich Blaubeeren als Superfood und beliebter Snack für zwischendurch etabliert. Der Pro-Kopf-Konsum stieg 2023 in Deutschland Branchenschätzungen zufolge zuletzt auf 1,3 kg. Peru gehört neben Chile und Südafrika zu den Toplieferanten für Heidelbeeren aus Übersee. Die Südamerikaner haben sich mit sieben Anbauregionen entlang der pazifischen Küste und einem extremen Mengenwachstum seit 2014 an die Spitze der globalen Lieferländer gesetzt. Laut Fresh Cargo Peru stieg die Produktionsmenge bis Ende November letzten Jahres erneut um 28 %. 99,2 % der Erntemengen nehmen den Seeweg. Die Niederlande gelten als wichtigster Weitervermarkter von Blaubeeren in Europa. 93 % der Menge ist Importware aus Übersee. Laut Branchenportal Groenten Fruit Hues ist Deutschland mit rund 40 % einer der Hauptabnehmer.

Und es geht auch deftig und supergesund. Die Marke „Suur" (www. suur.love) brandet das altdeutsche Sauerkraut als Superfood mit evidenzbasierten Gesundheitswerten. Fermentierung, das Einwecken, macht Produkte nicht nur haltbarer, sondern fügt ihnen auch probiotische Kulturen hinzu. Swantje Theben gegenüber der Lebensmittel Zeit: „Irgendwann haben wir angefangen, überschüssiges Gemüse zu fermentieren, und waren vom Geschmack begeistert. Als Unternehmer war es irgendwie naheliegend zu überlegen, ob daraus nicht eine Geschäftsidee entstehen kann. Eigentlich hat Sauerkraut bei uns eine lange Tradition, ist aber ein bisschen in Vergessenheit geraten. Wir wollen dieses regionale Superfood mit unserer Marke ‚Suur' mit neuen, spannenden Rezepten und zeitgemäßem Design wieder wachküssen."

Möglichkeiten, mitten in Deutschland klimaresistentes Superfood herzustellen, werden ebenfalls erwogen. Lange Hitzeperioden, geringe Niederschläge und Extremwetter stellen die Landwirte vor große Probleme. In Sachsen-Anhalt leidet die Landwirtschaft besonders. In keinem anderen Bundesland gab es 2021 weniger Niederschläge. Um die Optionen für zukunftsfähiges Essen aus nachhaltiger und regionaler Landwirtschaft auszuloten, läuft in Sachsen-Anhalt derzeit eine Studie zum Anbau von „klimaresilientem Superfood". Damit kommen Produkte wie Kichererbsen, Quinoa und Hanf aus der Region öfter auf den Speiseplan. In dem EU-Projekt „Zukunftsspeisen – Superfood aus Sachsen-Anhalt" suchen Agrar- und Umweltwissenschaftler*innen nach Antworten. Das Projekt begleitet drei Landwirtschaftsbetriebe und zwei Gärtnereien, die klimafreundliche Agrarpraktiken erproben und umsetzen [27].

Learnings

- **Selbstoptimierung birgt die Gefahren der Verabsolutierung eines Leistungsideals:** Wer sich zum Projekt, zum Gegenstand des Wettbewerbs auf den Konsum- und Freizeitmärkten erklärt, unterwirft sich einem offenbar zeitgemäßen Leistungsideal. Gesucht wird das ideale Ich, die beste Version seiner selbst. Ziel dieses Projektdenkens sind nicht nur Gesundheit, Zufriedenheit oder Ausgeglichenheit, sondern ein tendenziell altersloses, von Makeln und Krankheiten befreites Auftreten in der Aufmerksamkeitsökonomie zwischen Social Media und Topmodel-Shows. Für junge Menschen und insbesondere für Frauen bringt der Gesellschaftstrend der Selbstoptimierung Gefahren mit sich: Perfektion und die unermüdliche Optimierung des eigenen Selbst machen aus dem Bemühen um Gesundheit einen Kampf mit überhöhten Normen der Gesellschaft.
- **Als Selbstsorge knüpft der Trend zur Selbstoptimierung unbestreitbar auch an nachhaltige Persönlichkeitsideale an:** Wie bei vielen Lebensstiltrends des 21. Jahrhunderts sollte Selbstoptimierung jedoch nicht nur als Kampf des neoliberalen Hochleistungs-Selbst gesehen werden. Im emphatischen Bezug auf Gesundheit schwingen bei vielen Selbstoptimierungsprojekten auch Nachhaltigkeitsbedürfnisse mit. Selbstoptimierung wird von vielen Menschen nach wie vor auch als ganzheitliche Selbstsorge, als Wunsch nach einem erfüllten Leben und Balance interpretiert. Im Sinne von Selbstsorge wird dabei ein Persönlichkeitsideal wahrnehmbar, das sich nicht in narzisstischer Nabelschau ergeht und sich vielmehr einem Persönlichkeitsideal des allseitig interessierten und sensibilisierten Gesellschaftswesens annähert.
- **Selbstoptimierung formt Konsumbedürfnisse und -märkte, die (Beispiel Superfood) bei immer kürzeren Halbwertzeiten neue Hypes produzieren:** Da es nicht DIE gute Ernährung schlechthin gibt, werden wir immer neue Ernährungstrends in immer kürzeren Zeitintervallen erleben. Ernährung spielt bei der Selbstoptimierung eine zentrale Rolle. Das hat in den vergangenen Jahren – unter vielen anderen Trends – die Aufmerksamkeit für sogenanntes Superfood stark ansteigen lassen. Wurden damit anfangs exotische und weitgehend unbekannte Früchte und Gemüsesorten verstanden, hat sich mittlerweile auch die regionale Ernährungswirtschaft auf das Buzzword eingeschossen. In dieser Art werden wir auch künftig weitere Hypes erleben. Sie signalisieren, wie stark das Streben in unserer Gesellschaft nach Perfektion und Schönheit längst nicht mehr nur die Gesundheitsversorgung und Daseinsfürsorge berührt.

Literatur

1. Martina Läubli: Ich bin der Nabel der Welt. Neue Zürcher Zeitung, 5. Mai 2022. https://magazin.nzz.ch/kultur/selfcare-ueberall-ich-bin-der-nabel-der-welt-ld.1668276?reduced=true
2. „Quantified Self", Economist, 7. Mai 2022. https://www.economist.com/technology-quarterly/2022-05-07
3. Cressida J. Heyes: Self-Transformations: Foucault, Ethics, and Normalized Bodies, 2007. https://doi.org/10.1093/acprof:oso/9780195310535.003.0001
4. Weight of the world: 2.1 billion people obese or overweight. Reuters, 29. Mai 2014. https://www.reuters.com/article/us-health-obesity-idUSKBN0E82HX20140528
5. The State of Food Security and Nutrition in the World 2021. The world is at a critical juncture. FAO 2021. https://www.fao.org/state-of-food-security-nutrition/2021/en/
6. Michael O'Riordan: „Poor Diet Responsible for 11 Million Deaths Annually, With CVD a Leading Cause", tctmd, 4. April 2019. https://www.tctmd.com/news/poor-diet-responsible-11-million-deaths-annually-cvd-leading-cause
7. https://www.who.int/news-room/facts-in-pictures/detail/6-facts-on-obesity
8. Armut, soziale Ungleichheit und Gesundheit, Beiträge zur Gesundheitsberichterstattung des Bundes, Expertise des Robert Koch-Instituts zum 2. Armuts- und Reichtumsbericht der Bundesregierung, 2005. https://www.rki.de/DE/Content/Gesundheitsmonitoring/Gesundheitsberichterstattung/GBEDownloadsB/Armut.pdf%3F__blob%3DpublicationFile
9. Eike Wenzel: Privatisierung macht aus Bürgern Konsumenten – Es ist Zeit, endlich umzusteuern. Handelsblatt, 24. Juli 2020. https://www.handelsblatt.com/meinung/gastbeitraege/expertenrat/wenzel/expertenrat-eike-wenzel-privatisierung-macht-aus-buergern-konsumenten-es-ist-zeit-endlich-umzusteuern/26027916.html
10. https://www.researchgate.net/publication/269681365_The_Neo-liberal_Self
11. Röcke, ebd., S. 228/229.
12. Francesca Bria: Wir brauchen einen neuen Deal. Frankfurter Allgemeine Zeitung, 26. September 2021. https://www.faz.net/aktuell/feuilleton/debatten/francesca-bria-fordert-digitale-souveraenitaet-fuer-europa-17552533.html
13. Harry McCracken, Lev Grossman: „Google Versus Death". Time Magazine, 30. September 2013. https://time.com/574/google-vs-death/

14. Eva Barlösius: Soziologie des Essens: Eine sozial- und kulturwissenschaftliche Einführung in die Ernährungsforschung (Grundlagentexte Soziologie), 2016.
15. Wellcare: Das Geschäft mit Fitness und Schönheit boomt (dpa). Ärzte Zeitung, 31. Juli 2017.
16. Betina Petschauer: Schöner, schöner, Social Media. Der Selbstoptimierungswahn in den sozialen Medien verändert das Körperbild von jungen Menschen – je nachdem, welcher fragwürdige Trend gerade tonangebend ist. Wiener Zeitung, 24. Februar 2023. https://www.wienerzeitung.at/nachrichten/chronik/leben/2179500-Schoen-schoener-Social-Media.html
17. Anna Sophie Kühne: Der Boom der Schönheits-OPs und was dahintersteckt. Frankfurter Allgemeine Zeitung, 28. April 2023.
18. Faranak Halali, Reza Mahdavi, Mohammad Asghari Jafarabadi et al.: A cross-sectional study of barriers to physical activity among overweight and obese patients with type 2 diabetes in Iran. Health and Social Care, 24 (5), September 2016. https://onlinelibrary.wiley.com/doi/10.1111/hsc.12263
19. Anna Sophie Kühne: Der Boom der Schönheits-OPs und was dahintersteckt. Frankfurter Allgemeine Zeitung, 28. April 2023.
20. Ebd.
21. „Juristische Lücke" in Filler-Therapie? Die DGBT setzt sich bei der Bundesregierung für eine Verschreibungspflicht für Hyaluronsäure-Filler ein. Ärzte-Zeitung, 23. Juli 2019. https://www.aerztezeitung.de/Wirtschaft/Juristische-Luecke-in-Filler-Therapie-182879.html
22. Jia Tolentino: Trick Mirror. Über das inszenierte Ich („Trick Mirror. Reflections on Self-Delusuion", 2019), 2021, S. 100/101.
23. Tolentino, ebd., S. 101.
24. Ebd., S. 107.
25. Tolentino, ebd., S. 106.
26. Tolentino, ebd., S. 110
27. Siehe Birgit Will: Zurück zur Nähe. Lebensmittelzeitung, 12. August 2022.

10

Künstliche Intelligenz in der Gesundheit: Nicht mit dem Autopiloten, sondern als Co-Pilot

Bislang war der Gesundheitssektor, so schien es, von einem Zielkonflikt geprÄgt: entweder die VersorgungsqualitÄt zu verbessern oder die Kosten für die Versicherten zu senken. Mithilfe der neuesten Entwicklungen der künstlichen Intelligenz (KI) könnte in den kommenden Jahren beides zugleich gelingen. Mittels KI kann es gelingen, effiziente Gesundheit für jedermann möglich und bezahlbar zu machen.

In Medizin und Gesundheit zeichnet sich immer mehr ab, dass künstliche Intelligenz (die intelligente Verknüpfung von Daten) und maschinelles Lernen (Erkenntnisgewinnung aus Daten und Algorithmen) die Wertschöpfung in den kommenden Jahren auf nahezu allen Ebenen verÄndern werden. KI unterstützt bereits heute die Fernüberwachung von Patient*innen, vereinfacht die Bildgebung (Röntgen, MRT, CT), hilft Ärzten, bessere Entscheidungen zu treffen, und erleichtert Therapieentscheidungen in den Kliniken.

MilliardenbetrÄge werden investiert
Künstliche Intelligenz in der Medizin hat im vergangenen Jahr stark von der Pandemie profitiert, die einen gesamtwirtschaftlichen Digitalisierungs-

E. Wenzel, *Megatrend Gesundheit: Wie Digitalisierung und Individualisierung unsere Gesundheitsversorgung revolutionieren*, Megatrends und Transformations-Management, https://doi.org/10.1007/978-3-662-68688-1_10

schub auslöste. Laut CB Insights flossen allein im Pandemie-Herbst 2020 stattliche 8,4 Mrd. US-Dollar an Investor*innen-Gelder in Gesundheits-Start-ups, die auf künstliche Intelligenz und Digitalisierung spezialisiert sind (gegenüber dem Vorjahresquartal entspricht das exakt einer Verdoppelung der Investitionen) [1].

Die gute Nachricht vorweg: Künstliche Intelligenz in Medizin und Gesundheit wird das vertrauensvolle ArztgesprÄch nicht ersetzen. Auch mittelfristig bleibt es dabei: KI ist in der Gesundheit ein Co-Pilot – kein Autopilot. Maschinelles Lernen findet bis auf Weiteres in engen Grenzen statt und besteht vor allem in der Abarbeitung von repetitiven TÄtigkeiten wie dem Vergleichen von Bildinhalten. Die „Erkenntnisse" der künstlichen Intelligenz brauchen auch in Zukunft den prüfenden Blick der menschlichen Expert*innen, da sie nach wie vor eine Blackbox sind. Denn nach wie vor lÄsst sich nicht genau nachvollziehen, wie die selbstlernenden Systeme zu ihren Ergebnissen kommen. Und nach wie vor besteht die Gefahr, dass Algorithmen voreingenommen sind und falsche Schlüsse ziehen, eben weil nicht genau nachvollzogen werden kann, wie sie genau zu ihren Erkenntnissen gelangen. Als medizinische Co-Piloten sind sie jedoch schon jetzt enorm hilfreich, beispielsweise um falsche Diagnosen und übertriebene Eingriffe in Form von Operationen oder falscher Medikamentierung zu verhindern.

Die Einsatzmöglichkeiten von künstlicher Intelligenz in der Medizin sind vielfältig: Durch die Analyse mehrerer Tausend Krankengeschichten können Computerprogramme beispielsweise lernen, Krankheits- und Therapieverläufe individuell vorherzusagen. Aus genetischen Analysen und Bilddaten lässt sich mittels KI die Aggressivität eines Tumors berechnen und vorhersagen, ob eine Strahlen- oder Chemotherapie Erfolg versprechender ist. KI-Systeme haben längst begonnen, die Abläufe im Operationssaal zu optimieren. So können Operierende die komplizierten Eingriffe unter dem Mikroskop durchführen, per Sprach- oder Gestensteuerung Internetinformationen zurate ziehen, die umgehend im Okular des Operationsmikroskops erscheinen. Und was wir alle bereits kennen: Intelligente Assistenzsysteme, die auf künstlicher Intelligenz basieren, unterstützen Menschen mit eingeschränkter Mobilität (zum Beispiel nach einem Schlaganfall) bei der Bewegungstherapie bedarfsgerecht, das heißt so wenig wie möglich, aber so viel wie nötig („Assist-as-needed").

Dafür orientieren sich die selbstlernenden Systeme immer besser an den individuellen Fähigkeiten und Bedürfnissen der Menschen.

Künstliche Intelligenz liefert bessere Medikamente, zielgerichtete Krebstherapien und auch Hilfe bei seltenen Krankheiten
Bei der Diagnose von Brustkrebs spielt künstliche Intelligenz schon lÄngere Zeit eine wichtige Rolle. Die Tücke bei der Diagnose: Viele FÄlle von Brustkrebs werden nicht erkannt oder – nicht weniger belastend – zu hÄufig wird aufgrund mangelnder Arztkompetenz Fehlalarm ausgelöst. Das Berliner Start-up Merantix Healthcare hat deshalb die Software Vara entwickelt, die mithilfe künstlicher Intelligenz gesunde Mammografien automatisch erkennt [2]. Vara hat 2020 die Zulassung erhalten und ist damit die erste CE-zertifizierte KI-Software für die Krebsvorsorge in Deutschland. Vara wurde auf einer der weltweit größten Brustkrebs-DatensÄtze mit mehr als zwei Millionen Aufnahmen trainiert. Nun will das Unternehmen in Zusammenarbeit mit Krankenkassen und Ärzt*innen Pilotprojekte starten, bei denen Vara die unauffÄlligen Mammografien von allein aussortiert. Laut einer Studie des Fachmagazins „Nature" hat KI als diagnostischer Co-Pilot dazu beigetragen, dass die Zahl der Brustkrebsoperationen schon jetzt bis zu 30 % gesenkt werden konnte [3].

Auch viele Arzneimittelhersteller setzen auf KI. Im vergangenen Jahr tat sich der Pharmagigant GlaxoSmithKline mit einer markigen Ansage hervor: Die Zeit, die Unternehmen künftig brauchen werden, um eine Krankheit ins Visier zu nehmen und anschließend ein heilendes Molekül dafür zu finden, ließ sich dank KI schon bald von fünfeinhalb Jahren auf ein Jahr reduzieren. Im angelsÄchsischen Raum treten einige junge und üppig finanzierte Start-ups wie die britische Benevolent AI oder die kalifornische Insitro inzwischen mit dem ehrgeizigen Vorhaben an, eine eigenstÄndige KI-basierte Medikamentenentwicklung aufzubauen. Doch auch die großen Pharmahersteller treiben die KI-Anwendung in ihrer Forschung voran. Novartis und Astra Zeneca etwa arbeiten bereits mit der Benevolent AI zusammen [4]. Die DarmstÄdter Merck-Gruppe kooperiert mit der umstrittenen amerikanischen Firma Palantir und will mit dem Unternehmen unter anderem ein System für den Austausch und die bessere Analyse von Informationen aus akademischen und sehr frühen Forschungsprojekten etablieren.

Eine weitere gute Nachricht für den Zukunftsmarkt der medizinischen KI: Auch die treuesten AnhÄnger von Big Tech müssen der Tatsache ins Auge sehen, dass die Zukunft der künstlichen Intelligenz in Medizin und Gesundheit nicht im Alleingang von den Big-Tech-Platzhirschen geprÄgt wird. Bis vor Kurzem lautete die Devise: Willst du dich mit künstlicher Intelligenz beschäftigen, rufe bei IBM an und lass den Superrechner Watson zu dir kommen. IBM selbst kommt bei der Implementierung der künstlichen Intelligenz in der Businessrealität aber offenbar nicht wirklich weiter. Umbesetzungen in der KI-Führung und intransparente Informationspolitik lassen Watson fast schon wie ein Auslaufmodell erscheinen.

Demgegenüber investieren immer mehr medizinische Spezialisten in den Zukunftsmarkt der sogenannten „gesunden KI". Dazu gehören in Deutschland etwa die Rostocker Firma Centogene, die sich auf seltene Krankheiten spezialisiert hat und jüngst ihr Debüt an der Nasdaq gab, oder die Eschborner Firma Innoplexus, die ebenfalls auf Basis einer umfangreichen Datenbank KI-Serviceleistungen für die Pharmaforschung anbietet.

Aber noch ein weiterer Mythos, der sich um die künstliche Intelligenz rankt, lässt sich entkräften: KI ist im Gesundheitsbereich kein Jobkiller. Künstliche Intelligenz wird mittelfristig Stellen im Gesundheitswesen nicht abschaffen, sondern die Stellenprofile radikal verändern. Schon jetzt spüren das vor allem Mitarbeiter, die sich mit der Diagnostik von Krankheiten wie Krebs und Erkrankungen aus den Fachrichtungen Neurologie und Kardiologie beschäftigen.

Von Ärzt*innen und anderen Gesundheits-Professionals verlangt das künftig ein hohes Vertrauen in die neuen intelligenten Diagnose-Werkzeuge (Stichwort: „KI als Kollege"). Die KI belohnt Ärzt*innen und Patient*innen im Gegenzug, da sind sich die Expert*innen sicher, mit kürzeren Wartezeiten auf Ergebnisse und mehr Qualitätszeit für die Patient*innen. Hiermit ist ein zentraler Trend benannt, der durch KI noch wirksamer werden wird: Routineabläufe werden im Gesundheitswesen der kommenden Jahre konsequent an datenkompetente Computersysteme delegiert, während von Mitarbeitern mehr denn je Fähigkeiten gefragt sind, die menschliche Intelligenz und Empathie ansprechen: Probleme lösen, Menschen unterstützen und führen, Innovationen entwickeln. (An diesen Zielen sollte sich künftig folglich auch die Weiterbildung und -entwicklung der Mitarbeiter im Gesundheitssystem orientieren.)

Die prägenden Trends für KI in der Gesundheitsversorgung
Als Querschnittstechnologie wird sich die künstliche Intelligenz in den kommenden Jahren an vielen Stellen in unseren Gesundheitssystem einnisten. Hierzu zählen vor allem die Medikamentenentwicklung 2.0, die dezentrale Patient*innenversorgung, die Pflege in einer alternden Gesellschaft, Effizienzsprünge in der Krebsdiagnostik, Prävention, chronische Krankheiten und eine optimierte Datenbasis für ärztliche Entscheidungen.
Die folgenden drei Trends werden dabei im Vordergrund stehen:

1. **Selbstlernende Sprachsysteme (NLP) schicken sich an, die Kommunikationsabläufe zwischen Ärzt*innen und Patient*innen, Patient*innen und Krankenkasse, Patient*innen und Klinik zu revolutionieren.** Mehr noch, mit der Unterstützung durch textkompetente Algorithmen werden ärztliche Dokumentationen in Big-Data-Prozesse integrierbar, was Zeit spart und beschleunigte Erkenntnisgewinne verspricht. Bislang verbringen eine Ärztin oder ein Arzt ein Drittel ihrer oder seiner Zeit mit der Dokumentation von Maßnahmen und Befunden. Dass die konsequente Digitalisierung der Kommunikation forciert werden muss, wird spätestens dann klar, wenn wir uns vor Augen führen, dass 70 % der amerikanischen Krankenhäuser Daten nach wie vor faxen oder mit der Post schicken [5]. Ein Unternehmen, das bei diesem Trend (und nicht nur auf dem Gebiet der Medizin) im Vordergrund stehen wird, ist Twilio. Twilio hat in den vergangenen drei Jahren seinen Umsatz auf 2,84 Mrd. US-Dollar mehr als vervierfacht.
Ursprünglich war Twilio einmal ein Tool für Entwickler*innen, um beispielsweise Uber-Kund*innen per SMS die automatische Bestätigung seiner gebuchten Fahrt zukommen zu lassen. Mittlerweile umfasst die cloudbasierte Plattform Twilio Flex unzählige Arten, wie mit den Endkund*innen Kontakt aufgenommen werden kann – egal ob per SMS, Twitter, VOIP oder Videochat. Gleichzeitig bündelt Twilio die

gesamte Kund*innenkommunikation auf einer Plattform und liefert einen detaillierten Überblick darüber. Bereits 2018 wurde das Angebot von Twilio von weltweit über 60.000 Unternehmen genutzt, darunter Uber und Airbnb. Auch auf dem Gesundheitssektor setzt Twilio dabei immer häufiger KI-Bots ein. Auch Bezahlungen können via Twilio automatisiert per Telefon erledigt werden. Ein US-Unternehmen wie Inbox Health, das auf medizinische Rechnungsstellung spezialisiert ist, nutzt die Technologien von Twillo schon längere Zeit erfolgreich. Und auch in der Telemedizin gewinnt Twilio schnell neue Kund*innen, die in der Pandemie auf Videokommunikation umstellen. Das Unternehmen erzielte im Geschäftsjahr 2019 einen Umsatz von 1,134 Mrd. US-Dollar (2018: 650,07 Mio. US-Dollar).

2. **Bildgebende Verfahren gehören zu den Pioniersparten bei der Nutzung von künstlicher Intelligenz.** Es gibt unzählige Studien, die belegen, dass der Blick von Algorithmen, die mit Tausenden von Bildern gefüttert wurden, längst in Konkurrenz zum menschlichen Expert*innenblick getreten ist. Das hat jüngst dazu geführt, dass sich innovative Entwicklungen von Start-ups bereits in umsatzträchtige und innovationsbeschleunigte Nischen hineinbewegen. Dazu gehören die Verbesserung der Genauigkeit von bildgebenden Verfahren, die Nutzung der Bilder für Forschungszwecke, die Verknüpfung der Bildinformationen mit sprachgenerierten Informationen sowie die Nutzung von Röntgenbildern, MRTs etc. für die Verhinderung weiterer Krankheiten (Prävention, Predictive Health).

3. **Medikamentenentwicklung findet künftig unter dem neuen Paradigma der „computational drug discovery" statt.** Bekanntlich braucht es rund zehn Jahre und Investitionen in Höhe von rund 1,3 Mrd. US-Dollar, um ein neues Medikament auf den Markt zu bringen. Mithilfe der künstlichen Intelligenz, das leuchtet unmittelbar ein, lässt sich deutlich schneller als durch den Menschenblick dasjenige Molekül in einem Wirkstoff isolieren, das den entscheidenden Behandlungsfortschritt bringt. Ein Unternehmen wie Turbine [6] aus Ungarn hat sich auf neue Medikamente auf dem Gebiet der Krebstherapie spezialisiert. Insilico Medicine aus Hongkong richtet seinen Fokus auf Präparate für ältere Menschen. Ein Start-up wie Atomwise (San Francisco) gilt zurzeit als Geheimtipp für superschnelle

Medikamentenentwicklungen. Bei all diesen Unternehmen spielt künstliche Intelligenz eine tragende Rolle.

Veeva Systems: Software für die intelligente Gesundheitswelt

Veeva Systems ist ein führender Anbieter von Cloud-Lösungen – einschließlich Daten, Software und Dienstleistungen für die globale Biowissenschaftsbranche. Ende 2020 gab Veeva bekannt, dass immer mehr Unternehmen aus den Bereichen Biopharma, Vertragsdienstleistungen, Generika sowie medizinische Geräte und Diagnostika Software-Anwendungen von Veeva nutzen, um ihr weltweites Qualitätsmanagement zu vereinheitlichen. Das Unternehmen betreut mehr als 900 Kund*innen, von den größten Pharmakonzernen der Welt bis hin zu neu gegründeten Biotechfirmen. Allein im (Krisen-)Jahr 2020 hat sich die Veeva-Aktie auf rund 275 US-Dollar verdoppelt. Veeva gehört jedoch auch zu den Gewinnern der Corona-Krise, da viele Kund*innen derzeit an Medikamenten (Impfstoffe etc.) zur Behandlung von COVID-19 forschen.

Die Aneignung der künstlichen Intelligenz durch Gesundheitsunternehmen findet zurzeit auf nahezu allen Wertschöpfungsebenen statt:

1. **Medtronic: Breites Portfolio digitaler Innovationen**
   Medtronic ist ein alteingesessenes Medizintechnik-Unternehmen, das frühzeitig auf KI gesetzt hat. Medtronic war damit ein globaler Vorreiter. Bereits 2016 hat der Konzern durch eine Kooperation mit IBM Entwicklungen der KI in Form von maschinellem Lernen in seine Diabetes-Apps integriert [7]. Diese Kooperation wurde 2017 durch die Einführung der ersten künstlichen Bauchspeicheldrüse sowie 2019 durch die Sugar.IQ Plattform (einem digitalen Diabetes-Assistenten) erweitert. Medtronic gab darüber hinaus 2019 die Markteinführung des intelligenten Endoskopie-Moduls GI GeniusTM bekannt. GI Genius ist das weltweit erste System, das künstliche Intelligenz (KI) für die Identifikation von krankhaften Polypen nutzt. Es bietet Ärzt*innen eine leistungsstarke Lösung speziell im Kampf gegen den Darmkrebs. Das System dient den Ärzt*innen als zusätzlicher wachsamer Beobachter. Studien bestätigen, dass ein zweiter Blick durch KI die Detektionsrate von Polypen erheblich verbessert und das Darmkrebsrisiko um drei Prozent reduziert [8].

2. **Siemens Healthineers: Digitale Gesundheit auf allen Ebenen der Wertschöpfung**
KI-Instrumente von Healthineers sollen unter anderem die Krankenhausinfrastruktur durch intelligente Entscheidungsunterstützungssysteme verbessern, die Diagnose und Therapieentscheidungen entlang krankheitsspezifischer Pfade erleichtern und die Fernüberwachung von chronischen Krankheiten optimieren. Die medizinischen Systeme von Healthineers und die klinische Informationstechnik werden von Krankenhäusern sowie Forschungslaboren genutzt und in einer Vielzahl von Teilgebieten wie der Kardiologie, Onkologie und Neurologie eingesetzt.

3. **Roche: Mithilfe von KI den Unternehmenszweck neu definieren**
Der Schweizer Konzern hat letzthin mit den milliardenschweren Akquisitionen der US-Firmen Foundation Medicine und Flatiron für großes Aufsehen in der Branche gesorgt. Künstliche Intelligenz spielt hier in vielen Prozessen eine Rolle: Mit den Zukäufen kombiniert Roche einen Spezialisten für Genomanalysen mit einem Unternehmen, das auf die Analyse von Daten aus der klinischen Praxis (Realworld-Daten) spezialisiert ist. Ziel ist es, durch die Zukäufe die Dauer von klinischen Studien zu verkürzen und wichtige Schritte in Richtung einer personalisierten Medizin zu machen. Künstliche Intelligenz soll darüber hinaus bei Roche den Grundstein dafür legen, nicht mehr nur Medikamente und Diagnostik zu entwickeln, sondern die ärztliche Entscheidungsfindung auf neue Beine zu stellen. Mit einer solchen KI wird es möglich, Therapieerfolge von Patient*innen direkt in die Entwicklungsabteilungen der Pharmasparte zurückzuspielen, sodass Therapien in Realzeit angepasst und verbessert werden können.

4. **Centogene: Digital Native nutzt KI für seltene Krankheiten**
Das Rostocker Unternehmen Centogene ist auf die Datenanalyse auf dem Gebiet seltener Krankheiten spezialisiert. Ausgehend von einer umfangreichen Datenbank mit genetischen und klinischen Informationen bietet Centogene zum einen Serviceleistungen für die Entwicklung von Medikamenten an, zum anderen Diagnostikleistungen für Ärzt*innen und Kliniken. Centogenes Datenbasis umfasst nach Angaben des Unternehmens mehr als zwei Milliarden Datenpunkte von insgesamt 450.000 Patient*innen weltweit. Das Unternehmen ist

damit weltweit führend in der datenbasierten Analyse von seltenen Krankheiten. Centogene nutzt diese Technologien unter anderem dafür, neue Biomarker (Gene, Moleküle, Enzyme) zu identifizieren, mit deren Hilfe solche Krankheiten diagnostiziert werden können und die sich gleichzeitig als mögliche Angriffspunkte für neue Medikamente eignen.

Man muss es eigentlich nicht mehr erwähnen: Grundvoraussetzung für die Erfolgsgeschichte der künstlichen Intelligenz in der Gesundheitsversorgung ist künftig die umfassende Digitalisierung aller relevanten Daten. Genauso wichtig ist jedoch, dass diese Daten strukturiert vorliegen und miteinander kompatibel sind. Das ist aktuell leider nur bei rund 25 % der medizinischen Daten auf der Welt der Fall. Gesundheitsdaten-Digitalisierer wie der US-Gigant Cerner oder die deutsche CompuGroup sollten von diesem Defizit profitieren.

Learnings

- **Meistens sind es Menschen, die Technologien manipulieren ...:** Künstliche Intelligenz hat kein Bauchgefühl, kann Gelerntes nicht ohne Weiteres auf andere Zusammenhänge übertragen; KI hat kein Bewusstsein, kann sich deshalb auch nicht selbst hinterfragen und wird folglich die Ärztin oder den Arzt nicht ersetzen. Die Technologie ist jedoch deshalb so wichtig, weil sie uns einer bezahlbaren und humanen Gesundheitsversorgung näherbringt. Bei aller Skepsis gegenüber KI gilt: Grundsätzlich betreibt nicht die Technologie den Missbrauch, sondern es sind immer die Menschen, die Technologien instrumentalisieren. Doch wer sich heute noch weigert, alle verfügbaren medizinischen Daten zu nutzen, der raubt einem fairen Gesundheitssystem seine Aussicht auf Zukunft – und treibt die Menschen mit ihren Gesundheitsbedürfnissen in die Hände von Big-Tech-Konzernen.
- **Ohne KI keine personalisierte Medizin:** Künstliche Intelligenz, Algorithmen und die maschinelle Interpretation von Datensätzen könnten tatsächlich das Tor zur personalisierten Medizin aufstoßen. Damit ist nicht zuletzt gemeint, dass Daten von Patient*innen während der Behandlung in Realzeit zu den Wirkstoffhersteller*innen zurückfließen und Therapien umgehend angepasst werden.
- **KI macht die Patient*innen besser verstehbar:** In einem digitalisierten Gesundheitssystem fließt die gesamte „Gesundheitshistorie" der

Patient*innen in die aktuelle Therapie ein. Das Ergebnis: Auch schwere Krankheiten können gezielter behandelt werden, wenn strukturierte Daten – mitentscheidend – zur Heilung beitragen. Die Voraussetzung hierfür: Gesundheitsdaten dürfen nicht einseitig kommerzialisiert werden (Big Tech), sondern müssen transparent von unterschiedlichen Akteuren im Gesundheitssystem seriös nutzbar sein. Philips [9] und Roche [10] gehören hier auf absehbare Zeit zu den Vorreitern.

Literatur

1. CBS Insights.
2. Merantix Vara. https://www.startbase.de/organization/vara/
3. Yiqiu Shen, Yiqui, Shamout, Farah E. et al.: Artificial intelligence system reduces false-positive findings in the interpretation of breast ultrasound exams, Nature 24. September 2021.
4. https://www.benevolent.com/news/benevolentai-announces-agreement-with-leading-healthcare-company-to-leverage-benevolentais-technology-platform
5. „The dawn of digital medicine: The pandemic is ushering in the next trillion-dollar industry", ebd.
6. https://www.crunchbase.com/organization/turbine-2
7. https://news.medtronic.com/2018-06-22-Artificial-Intelligence-Powered-Sugar-IQ-TM-Diabetes-Management-App-Developed-by-Medtronic-and-IBM-Watson-Health-Now-Commercially-Available#:~:text=The%20groundbreaking%20Sugar.IQ%20smart,information%20provided%20by%20the%20app
8. https://www.medtronic.com/de-de/ueber/news/gi-genius-kuenstliche-intelligenz-hilft-bei-steigerung-der-adenom-detektionsrate.html
9. „Philips und Elekta vertiefen strategische Partnerschaft", kma-online.de, 1. Juli 2021. https://www.kma-online.de/unternehmen/philips/news/detail/philips-und-elekta-vertiefen-strategische-partnerschaft-a-45858
10. „Roche gestaltet die Personalisierte Medizin". https://www.roche.de/ueber-roche/was-uns-antreibt/personalisierte-medizin/personalisierte-medizin-bei-roche/

11

Digital Therapeutics (DTx): Das Ende der Medikamente-Medizin?

Wann ist ein Mensch eigentlich gesund? Wir alle spüren, wenn wir krank werden, und leiden mit, wenn andere Menschen erkranken. Aber eine positive Gesundheitsdefinition zu finden, ist gar nicht so einfach. In der alten Welt des industriellen Zeitalters, in den 1960er- und 1970er-Jahren, bestand Gesundheit für die meisten schlicht in der Abwesenheit von Krankheit. Wer krank wurde, suchte eine Ärztin oder einen Arzt auf, bekam in der Regel über Rezept ein Medikament verordnet und beendete die Einnahme des Medikaments, wenn er sich nicht mehr krank fühlte.

Wie der Zukunftsmarkt der digitalen Therapien funktioniert
Heute bedeutet Gesundheit für viele von uns viel mehr: Selbstbestimmung im Umgang mit der eigenen Befindlichkeit, Wohlfühlen als ganzheitliches Konzept. Und durch den Megatrend Gesundheit, das wird immer deutlicher, ändern sich auch die Anforderungen für die beteiligten Akteure, Ärzt*innen, Krankenkassen, die medizinische Forschung und die „Kunden-Patient*innen", denn Gesundheit wird auch immer mehr zum Konsumgegenstand.

Die Weltgesundheitsorganisation WHO hat eine durchaus hilfreiche Definition für Gesundheit vorgelegt: Rund 20 % unserer Gesundheit verdanken wir den Ärzt*innen, Pfleger*innen, den Forschungslaboren und Medikamenten. 20 bis 30 % unserer Gesunderhaltung geht dagegen auf unser eigenes Verhalten zurück: Bewege ich mich genug, was und wie esse ich, habe ich endlich aufgehört zu rauchen, und so weiter. Den ganzen Rest – also 50 % unserer Gesunderhaltung – führen die WHO-Expert*innen auf Umwelteinflüsse, erbliche Prägungen und psychologische Faktoren zurück [1].

Mit anderen Worten, bislang konzentriert sich die Gesundheitswirtschaft, die pro Jahr allein in Deutschland Umsätze/Kosten von 439,6 Mrd. € (Stand: 2022) erzeugt, fast ausschließlich auf die ersten 20 %. Dabei sind die Aussichten, auf Verhaltensänderungen hinzuwirken und auf andere Einflüsse zu achten und dadurch Gesundheit sicherzustellen, deutlich höher.

Seit 20 Jahren ist nachweisbar, dass DTx die Medizin der Zukunft werden könnte. Bereits im Jahr 2002 konnte in einer wissenschaftlichen Studie gezeigt werden, dass eine chronische Erkrankung wie Diabetes tendenziell besser mit verhaltenstherapeutischen Ansätzen (nichts anderes liefern viele digitale Therapien) behandelt werden kann als durch Medikamente. Nichtsdestotrotz fließen laut WHO 80 % der gesamten Aufwendungen für Gesundheit in die Behandlung von Erkrankungen, die genauso gut oder besser durch gezielte Verhaltensänderungen behandelt werden könnten. Deswegen wird in der Gesundheitsbranche in letzter Zeit immer häufiger über digitale Therapien gesprochen. Sie könnten auf bahnbrechende Weise dabei behilflich sein, die horrenden Gesundheitskosten weltweit zu reduzieren.

Start-up-Boom in der Gesundheit mit Verdoppelung der Investitionen
Die Investitionen in digitale Gesundheits-Start-ups haben sich laut CB Insights zwischen 2020 und 2021 fast verdoppelt und erreichten im vergangenen Jahr 57 Mrd. US-Dollar [2]. Auf dem erwachenden Markt der digitalen Therapien tummeln sich gerade Big Tech, Big Pharma und unzählige Start-ups. Ein gigantischer, von der Digitalisierung angetriebener Markt entsteht.

Digitale Gesundheit heißt vor allem: Der Patient rückt in den Mittelpunkt. Digitale Gesundheit nimmt Fahrt auf. Gen-Sequenzierung und künstliche Intelligenz eröffnen neue Therapiewege, *Wearables* machen ein individuelles Gesundheitsmonitoring in Realzeit zur Selbstverständlichkeit, durch Tests von zu Hause aus wird die Selbstdiagnostik zum Kinderspiel und – spätestens seit der Pandemie – verbindet die Telemedizin die Patient*innen direkt mit den Fachärzt*innen. Die Unternehmensberatung Deloitte schätzt, dass im Jahr 2024 insgesamt 440 Mio. *Wearables* zu Gesundheitszwecken an die Frau und an den Mann gebracht werden [3]. Verhaltensauffälligkeiten, psychisch-neurologische Erkrankungen wie Demenz, gefolgt von Diabetes, Erkrankungen des Herz-Kreislauf-Systems sowie- Nerven und Muskel-Skelett-Erkrankungen, das sind die Krankheitsbilder, die künftig immer besser mithilfe von digitalen Therapien behandelt werden können.

Wir sind mittendrin. Die digitale Disruption der Gesundheit hat bereits begonnen.

Weltweit gehen die Gesundheitskosten durch die Decke. Wie sieht der Status quo der Gesundheitsversorgung aus? Nahezu alle Gesundheitssysteme, vor allem diejenigen in den großen Industrieländern, zeichnen sich durch ein Höchstmaß an Ineffizienz aus. In den USA verschlingen die Gesundheitskosten jährlich 17 % des Bruttoinlandsprodukts: 4,1 Billionen US-Dollar! [4] Vor der Pandemie beliefen sich die Gesundheitsausgaben im OECD-Schnitt auf mehr als 4000 US-Dollar pro Kopf und in den USA sogar auf knapp 11.000 US-Dollar [5]. Gesundheit wird immer teurer und die verabreichte Medizin hilft keineswegs immer.

2017 begann der Boom der digitalen Gesundheit. Seit Mitte der 2010er-Jahre befindet sich der Gesundheitssektor, der sich in fast allen Volkswirtschaften auf stark regulierte Märkte stützt, dank der Verbreitung und Umsetzung neuer Technologien in einem beschleunigten Wandel. Eine zunehmend wichtige strategische Rolle spielen dabei die Digitalen Therapien (DTx). Sie werden in der Regel auf zwei Arten eingesetzt: als Alternative oder in Kombination mit einem Medikament. Obwohl medizinische Apps ein pharmakologisches Medikament bislang nur selten vollständig ersetzen können, schreitet die Digitalisierung des Therapieangebots zügig voran. Die ersten behördlichen Genehmigungen wurden 2017 und 2018 in den USA für ReSET und Bluestar erteilt, zwei App-gesteuerte Programme zur Behandlung von Süchten und zur Alltagsbegleitung von Diabetes.

Chronische Krankheiten werden „unbezahlbar" – DTx liefern Alternativen

Derzeit konzentrieren sich die meisten DTx-Anwendungen auf Therapiegebiete, die in Zusammenhang mit chronischen Erkrankungen oder neurologischen Defekten stehen. Diese gehören zu den teuersten und am schwierigsten zu behandelnden Krankheiten, da sie eine kontinuierliche Versorgung und Überwachung erfordern, was für die finanziell überlasteten Gesundheitssysteme kaum noch tragbar ist. Die eigentliche Revolution vieler digitaler Therapien besteht darin, dass sie so konzipiert sind, dass sie sich an den spezifischen Bedürfnissen der Patient*innen orientieren und so eine neue Dimension der personalisierten Medizin eröffnen.

Mittlerweile arbeiten weltweit mehr als 150 Unternehmen an digitalen Therapien, die in der Anfangsphase, zu Beginn der 2010er-Jahre, auch als „digiceuticals" bezeichnet wurden. Laut dem „Economist" sind die DTx einer der zurzeit am schnellsten wachsenden Märkte auf dem weiten Feld der vernetzten Gesundheit. Amazon Web Services hat den DTx-Trend längst erkannt und beliefert relevante Anbieter von digitalen Therapien wie Propeller (Asthma) und Omada Health (Diabetes) mit Cloud-Dienstleistungen. Digitale Therapien, das ist wichtig, müssen gegenüber den Aufsichtsbehörden nachweisen, dass sie evidenzbasiert sind, das heißt, es muss der Beweis erbracht werden, dass sie als „digitales Medikament" nachvollziehbar wirksam sind. DTx haben keine Nebenwirkungen, schaffen keine chemisch-pharmazeutischen Abhängigkeiten und könnten die Gesundheitssysteme überall auf der Welt massiv entlasten.

Digitale Therapien, davon ist auszugehen, sind insofern keine vorübergehende Modeerscheinung, sondern weisen beachtliches Zukunftspotenzial auf. Laut einem Bericht von Allied Market Research könnte dieser Markt weltweit in den nächsten fünf Jahren mit einer jährlichen Steigerungsrate von 20,5 % wachsen und einen Wert von 13,8 Mrd. US-Dollar erreichen (2017 waren es 1,75 Mrd. US-Dollar) [6]. Schwer vorstellbar, aber die Gesundheitsversorgung wird schon in einigen Jahren nicht mehr nur auf der Abgabe von Medikamenten beruhen.

ADHD wird spielerisch bekämpft: Große Hoffnungen ruhen aktuell auf digitalen Therapien, vor allem auch bei einer schwer greifbaren Störung wie der Hyperaktivität beziehungsweise dem Aufmerksamkeitsdefizitsyndrom (ADHD). In den USA fließen jährlich 14 Mrd. US-Dollar in die medikamentöse Behandlung von ADHD. Das junge Unternehmen Akili Interactive (siehe unten) hat 2018 ein Computerspiel entwickelt, das Kindern nachweislich dabei hilft, ihr Aufmerksamkeitsvermögen zu steigern und mehr Kontrolle über das eigene Verhalten zu erlangen.

Deutschland ist ein Vorreiter bei DTx: Als Deutschland im Jahr 2019 das Digitale Versorgungsgesetz (DVG) an den Start brachte, machte es den Weg frei für DTx, die Ärzt*innen auf Rezept verschreiben können. Bis Ende 2021 sind bei der Techniker Krankenkasse insgesamt 19.025 Verordnungen für digitale Therapien eingegangen. Am häufigsten verschrieben wurden Apps gegen Rückenschmerzen, Tinnitus und Migräne. Mit 66,5 % liegt der Anteil der Frauen bei den Nutzern deutlich höher als jener der Männer. Bei alledem ist noch wichtiger, dass durch das DVG den Herstellern von digitalen Therapien seitens der gesetzlichen Krankenkassen alle Kosten der Herstellung erstattet werden, wenn der medizinische Nutzen nachgewiesen werden kann.

Von der Tinnitus-Therapie bis zum intelligenten Pflaster: Die erste App im deutschen DTx-Verzeichnis war Kalmeda der Firma Mynoise mit einer Verhaltenstherapie für Tinnitus-Patient*innen [7]. Die App Esysta nutzen Diabetiker. Sie müssen dabei ihre Messwerte nicht mehr schriftlich festhalten, sondern können das unkompliziert auf digitalem Wege erledigen. Die Ergebnisse landen schneller in der Praxis der behandelnden Ärzt*innen und können zügig ausgewertet werden. Es geht aber auch ganz einfach: Patient*innen mit Herzfehlern und Epilepsie hilft eine Anwendung, deren Potenzial fürs Gesundheitswesen nur wenige erwarten dürften: eine Innovation aus der Klebstoffsparte von Henkel. Das smarte Gesundheitspflaster ermöglicht die Fernkontrolle der Vitalfunktionen wie Atmung, Herzfrequenz und Körpertemperatur. Ein integrierter Sensor sammelt und sendet diese kontaktlos an die Ärzt*innen.

Die folgenden Aspekte werden in den nächsten Jahren den Zukunftsmarkt der DTx weiterentwickeln:

- **Digitale Gesundheit wendet sich direkt an die Bedürfnisse der Kund*innen:** Digitalisierung der Gesundheit heißt, dass Gesundheit immer mehr zu einem frei verfügbaren Konsumprodukt wird. Das hat überhaupt nichts Anrüchiges. Durch die Digitalisierung wird es schlicht und einfach möglich, dass gesunde Dienstleistungen direkt an die „Kunden-Patient*innen" verkauft werden können – via Vernetzung und über Plattformen. Mittels der Plattformen werden wir Gesundheit deshalb immer häufiger und erfolgreicher proaktiv (bevor wir erkranken) sicherstellen. Und das wird unter Umgehung der klassischen Akteure (Ärzt*innen und Apotheker*innen) vonstattengehen. Zukünftig heißt es auch auf den Gesundheitsmärkten: die Kund*innen dort bedienen, wo sie sich aufhalten – im Internet.

- **Psychotherapie ist ein wichtiger Türöffner für DTx:** Noch vor wenigen Jahren hätte die Vorstellung, psychische Erkrankungen wie Depressionen und Burn-out per Internet zu therapieren, Kopfschütteln ausgelöst. Mittlerweile zeigen fundierte Studien: Online-Therapien sind bei psychischen Erkrankungen ebenso wirkungsvoll wie ambulante oder stationäre Psychotherapien [8]. In Ländern wie Großbritannien, Schweden und den Niederlanden gehören sie bereits zur Regelversorgung Die Pandemie hat in Windeseile auch hierzulande eine Trendwende herbeigeführt. Krisenbedingt hat die Kassenärztliche Bundesvereinigung beschlossen, dass die Psychotherapie während der Corona-Pandemie auch per Videotelefonat möglich ist.

- **DTx ist digitales Beziehungsmanagement und braucht kluge Regularien. Aber wem gehören eigentlich die Kund*innenbeziehungen in der digitalen Medizin?** Viele der gerade entstehenden Gesundheitsplattformen versammeln mehrere Akteure, die mitunter konkurrierende Interessen haben. Da tummelt sich der Anbieter einer neu entwickelten digitalen Therapie neben dem Hersteller eines klassischen Medikaments. Auf den Plattformen gilt jedoch Kooperation statt Konkurrenz. Und letztendlich entscheidet der Erfolg beim Klienten. Trotzdem wird in den kommenden Jahren auch der Gesetzgeber Weichenstellungen vornehmen müssen, gerade wenn es um die Frage geht, wer in welcher Form an der digitalen Kund*innenbeziehung verdient und wer auf welche Weise die Daten auf der Plattform nutzen darf.

- **DTx wecken neue Hoffnung und erweitern das Spektrum der behandelbaren Krankheiten:** Allein in Deutschland leiden vier Millionen Menschen an einer seltenen Erkrankung. Sie alle sind auf die Behandlung von Spezialisten angewiesen und die sind oft weit entfernt. Mithilfe der Online-Plattform MyaLink.de können Patient*innen krankheitsspezifische Symptome über eine App erfassen, die Verläufe mit ihrem behandelnden Spezialisten teilen und über ein Nachrichtenmodul kontaktieren. Ärzt*innen können die Patient*innen so über einen längeren Zeitraum überwachen und bei Bedarf die Therapie aus der Ferne anpassen.

Die folgenden Unternehmen werden auf dem entstehenden Markt der Digitalen Therapien eine wichtige Rolle spielen:

Mit Livongo sichert sich Teladoc Expertise in DTx: Teladoc ist der weltweit führende Anbieter von virtuellen, digitalen Gesundheitsdienstleistungen. Das Unternehmen hat sich zum Ziel gesetzt, die gesundheitliche Versorgung hin zu mehr Komfort, besseren Ergebnissen und höherem Nutzen zu transformieren. Dazu teilt Teladoc sein Arbeitsfeld in über 450 Symptomkategorien ein, die von nicht dringlichen, wiederkehrenden Beschwerden wie Grippe oder Halsschmerzen bis zu chronischen, komplizierten medizinischen Fällen wie Krebs oder Herzinsuffizienz reichen. Mit dem Kauf von Livongo hat Teladoc einen der Pioniere der digitalen Therapien mit an Bord genommen. Livongo bietet digitale Lösungen vor allem für Patient*innen an, die an chronischen Erkrankungen wie Diabetes, Demenz und Herz-Kreislauf-Syndromen leiden. Im dritten Quartal 2020 konnte Teladoc die Nutzerzahl auf seiner Plattform um ein Viertel steigern.

Roche auf der Suche nach dem digitalen Biomarker: Der Schweizer Pharmariese Roche rangiert mit Forschungsinvestitionen von jährlich 13,7 Mrd. Schweizer Franken weltweit unter den Top-10-Unternehmen. Roche gehört deswegen auch nicht zufällig zu den Pionieren auf dem Gebiet der digitalen Therapien. In der Diabetesforschung hat Roche mit MySugr.com ein digitales Projekt vom Diabetestagebuch zur ganzheitlichen Versorgungsplattform weiterentwickelt. In der Therapiegestaltung für Multiple-Sklerose-Patient*innen bringt Roche gleich drei Apps (Floodlight, Brisa, Emendia) an den Start, die helfen, den sehr individuellen Verlauf einer MS-Erkrankung besser zu bewältigen. Es können kleinste Veränderungen im Krankheitsbild in Realzeit mit Fachärzt*innen geteilt und die Maßnahmen mit Patient*innen und Pfleger*innen abgestimmt werden. Doch die Überlegungen von Roche gehen noch weiter. Zurzeit wird erforscht, ob sich die Daten der Apps als „digitale Bio-marker" (unter Biomarkern versteht man Krankheitsindikatoren in Zellen oder Proteinen) nutzen lassen. Auf diese Weise würde es in absehbarer Zeit möglich, das Vorhandensein einer MS-Erkrankung oder Anzeichen dafür mithilfe eines Smartphones frühzeitig zu erkennen

Johnson & Johnson verknüpfen Digitalisierung mit konsumierbarer Gesundheit:

Johnson & Johnson, der weltweit wertvollste Pharmariese aus den USA (die Bewertung liegt bei 452 Mrd. US-Dollar), zählt digitale Therapien und Medizintechnologien zu den sechs wichtigsten Innovationsfeldern der kommenden Jahre. In der letzten Zeit hat Johnson & Johnson nicht weniger als 50 Unternehmen aufgekauft, um den digitalen Wandel voranzutreiben. Dazu gehören unter anderem auch Start-ups auf den Gebieten 3-D-Bildgebung, künstliche Intelligenz und digitale Chirurgie. Auf seiner C-SATS-Plattform können Ärzt*innen ihre Operationen in der Cloud zugänglich machen und sich in Kooperation mit Forscher*innen zur Not am anderen Ende der Welt beraten. Johnson & Johnson sieht in der Digitalisierung eine einmalige Gelegenheit, der hauseigenen Consumer-Health-Sparte neuen Schwung zu verleihen und Gesundheit als Konsumangebot verfügbar zu machen.

Better Therapeutics hat DTx als Effizienzstrategie im Blick: US-Studien belegen, dass Menschen mit der chronischen Krankheit Diabetes zwei- bis dreimal mehr Gesundheitskosten verursachen als der Bevölkerungsdurchschnitt. Mittlerweile leiden mehr als zehn Prozent der US-Bürger*innen an Diabetes. Doch nur gut die Hälfte der Patient*innen erreicht bei konventioneller Medikamentierung ihre Therapieziele. Hier werden immer häufiger digitale Therapien hinzugezogen. Mithilfe von Monitoringsystemen, Datentrackern und digitalen Hilfestellungen bei der Medikamentierung werden Patient*innen insbesondere bei der Änderung ihres Essverhaltens angeleitet. Das Unternehmen rechnet für 2023 mit der Zulassung der ersten digitalen Medikamente durch die US-Behörden.

Akili bekämpft psycho-neurologische Störungen mit Gaming: Jüngst ist David Baszucki, CEO des Gaming-Portals Roblox, einem Schlüsselunternehmen für das Metaverse, bei Akili Interactive als Investor eingestiegen. Auch im Metaverse könnte es irgendwann eine Nachfrage nach digitalen Therapien geben. Akili könnte hier zu den Pionieren gehören. Das Bostoner Unternehmen hat seit seiner Gründung im Jahr 2011 mehr als 300 Mio. US-Dollar bei Investor*innen eingesammelt. Akili baut auf „Gamification", das heißt auf therapeutische Anwendungen, die Patient*innen in Form eines Videospiels „verabreicht" werden. In den USA wurden bereits die ersten Gesundheits-Games als digitale Medikamente zugelassen. Akilis EndeavourRx ist eines der ersten Games, das eine Zulassung durch die FDA erhalten hat, und trainiert speziell die Konzentrationsfähigkeit von Acht- bis Zwölfjährigen. Die therapeutischen Spiele helfen Menschen, sich besser zu konzentrieren, assistieren dabei, neue Dinge zu lernen, das Gedächtnis zu trainieren und bessere Entscheidungen zu treffen. Über visuelle Sinneseindrücke und Spielhandlungen werden Reaktionen und Organisationsmechanismen in den neuronalen Netzwerken „umprogrammiert". Die heilenden Games durchlaufen dabei bis zu 30 Teststudien. Jedes Spiel lässt sich für die Bedürfnisse der Patient*innen personalisieren; Algorithmen passen den Schwierigkeitsgrad der Aufgaben an.

Novartis experimentiert mit DTx gleich in mehreren Sparten: Das Medikamentenportfolio des Schweizer Pharma- und Medizintechnikkonzerns setzt sich aus Spezialmedikamenten, Generika, Humanimpfstoffen, rezeptfreien Medikamenten zur Selbstmedikation und Produkten für die Tiermedizin zusammen. Novartis beschäftigt sich schon länger mit digitalen Therapien. In den vergangenen Jahren hat der Konzern unter anderem mit Pear Therapeutics, einem Gesundheitsunternehmen, das DTx für chronische Krankheiten zur Verfügung stellt, kooperiert. Der Kauf von Amblyotech, das digitale Therapien und Lösungen für das Schielen (Astigmatismus) entwickelt hat, unterstreicht, dass Novartis digitale Therapien als Zukunftsmarkt sieht. Dabei lässt der Konzern offen, ob die digitalen Therapien eines Tages als Stand-alone-Lösungen für Umsatz sorgen werden oder in Ergänzung zu herkömmlichen pharmazeutischen Therapien („Around the pill") eingesetzt werden.

Sharecare arbeitet an den Grundlagen für eine komplett digitale Gesundheitsversorgung: Sharecare, der Name sagt es bereits, gehört zu den Unternehmen, die Kompetenzen auf dem Gebiet der Medizin, der Social Media und moderner Technologien fusionieren, um in den kommenden Jahren den Zukunftsmarkt der DTx zu erobern. Sharecare stellt

Kommunikationswege (unter anderem Apps), Unterstützungsdienstleistungen und Messinstrumente für die Gesunderhaltung bereit. Herauszuheben ist bei Sharecare, dass diese digitalen Dienste nicht nur für Endverbraucher*innen, sondern auch für Unternehmen und Gesundheitsanbieter entwickelt werden. Künstliche Intelligenz spielt für das 2010 gegründete Unternehmen eine immer größere Rolle. Jüngst wurde deshalb das Start-up doc.ai aufgekauft, mit dessen Hilfe vor allem die Nutzung personalisierter Daten verbessert werden soll.

Learnings

- **Bislang wird unser Gesundheitswissen nur unvollkommen genutzt:** Im Jahr 1950 dauerte es ein halbes Jahrhundert, bis sich das medizinische Wissen verdoppelte, heute braucht es dafür nur noch knapp 70 Tage. Würden wir diesen einzigartigen Zugewinn an Wissen über Gesundheit konsequenter nutzen – und die Instrumente dafür stehen dank der Digitalisierung bereit –, wäre unser aller Gesundheit und die Funktionstüchtigkeit der Gesundheitssysteme gesichert.
- **Digitale Therapien bieten Vorteile für alle klassischen Stakeholder:** Die Mehrzahl der Ärzt*innen ist technologieaffin und immer auf der Suche nach alternativen Heilungsansätzen. Darüber hinaus gehört es zu ihrem Alltag, mit Gesundheitsbudgets sorgfältig umzugehen. Die Krankenkassen und Gesundheitsdienstleister sind ebenfalls daran interessiert, einer großen Zahl von Kund*innen effiziente Gesundheitslösungen zu günstigen Preisen anbieten zu können. Pharmaunternehmen und Medizintechnikhersteller sollten ein Interesse daran haben, Therapien zu verbessern und neue, nachhaltigere Problemlösungswege zu finden (auch wenn dadurch das alte Geschäftsmodell der Standardtherapien zu bröckeln beginnt). Und schließlich profitieren auch die „Kunden-Patient*innen" vom Zukunftsmarkt der digitalen Therapien, weil sie längst in der digitalen Welt angekommen sind und praktische Unterstützung und transparente Informationen für ihre Gesunderhaltung schätzen.
- **DTx und das Ende der paternalistischen Medizin:** Der Markt der digitalen Therapien steht erst am Anfang, könnte sich in den kommenden zehn Jahren aber mit atemberaubender Geschwindigkeit entwickeln. Eines steht jetzt schon fest: Einen Weg zurück in die alte paternalistische Medizin, in der der „Herrgott in Weiß" uns erklärt hat, was gut für uns ist, gibt es nicht mehr.

Literatur

1. Siehe unter anderem Magnan, Sanne (2017): „Social Determinants of Health 101 for Health Care: Five Plus Five". In: National Academy of Medicine, 9. Oktober 2017. https://nam.edu/social-determinants-of-health-101-for-health-care-five-plus-five/. O'Neill Hayes, Tata, Delk, Rosie: „Understanding the Social Determinants of Health", 4. September 2018. https://www.american-actionforum.org/research/understanding-the-social-determinants-of-health/

2. Taylor, Nick Paul: „Digital health funding jumps to new high as investors bet big on mental health startups: report." In: Dive Brief, 21. Januar 2021. https://www.medtechdive.com/news/digital-health-funding-jumps-2021-cb-insights/617484/

3. Deloitte. https://www2.deloitte.com/us/en/insights/industry/technology/technology-media-and-telecom-predictions/2022/wearable-technology-healthcare.html. Loucks, Jeff, Duncan, Stewart, Bucaille, Ariane, Crossant, Gillian: „Wearable technology in health care: Getting better all the time. Smartwatches and wearable medical devices help people monitor their health 24/7. Their impact could increase if doctors trust their utility and people feel their data is secure." In: Deloitte Insights, 1. Dezember 2021.

4. Kurani, Nisha, Ortaliza, Jared: „How has U.S. spending on healthcare changed over time?", Health System Tracker, Februar 2022. https://www.healthsystemtracker.org/chart-collection/u-s-spending-healthcare-changed-time/#Total%20national%20health%20expenditures%20US%20$%20Billions%201970-2020

5. Jährliche Gesundheitsausgaben pro Kopf in ausgewählten OECD-Ländern im Jahr 2019, OECD 2019. https://de.statista.com/statistik/daten/studie/37176/umfrage/gesundheitsausgaben-pro-kopf/

6. https://www.globenewswire.com/en/news-release/2021/03/15/2192988/0/en/Digital-Therapeutics-Market-Size-to-Hit-13-80-Billion-At-20-5-CAGR-Says-Allied-Market-Research.html

7. https://www.kalmeda.de/

8. „Psychotherapie per Video wirkt ähnlich gut wie Therapie vor Ort", Spektrum.de, 8. Januar 2021. https://www.spektrum.de/news/fernbehandlung-psychotherapie-per-video-wirkt-aehnlich-gut-wie-vor-ort/1816145#:~:text=Muss%20man%20daf%C3%BCr%20Abstriche%20beiwie%20eine%20Therapie%20vor%20Ort.

Printed in the United States
by Baker & Taylor Publisher Services

Printed in the United States
by Baker & Taylor Publisher Services